Georg Wögerbauer Flugversuche

GEORG WÖGERBAUER

Flugversuche

Wie ich meine persönlichen Vögel zum Fliegen bringe

Orac

Für dieses Buch wurde die Schrift Swift – zu Deutsch
der Mauersegler – von Gerard Unger verwendet.

www.kremayr-scheriau.at

ISBN 978-3-7015-0619-4
Copyright © 2020 by Orac im Verlag Kremayr & Scheriau
GmbH & Co. KG, Wien
Einband- und typografische Gestaltung: Andreas Ortag
Illustrationen: Walpurga Ortag-Glanzer
Druck und Bindung: Finidr s.r.o., Český Těšín, Tschechien

Inhalt

Vogel-Kunde, ein Register

Vorwort

Das Thema dieses Buches hat mich die letzten Jahre in meinen ganz privaten Beziehungen, zu meiner Frau, meinen Kindern und Kindeskindern, begleitet und auch gefordert. Ihnen danke ich besonders, denn sie sind mir am nächsten, kennen mich am besten, lieben mich in meinen Höhenflügen, aber auch in Momenten der Schwere und Schwäche. Abschiede in meinem Leben waren und sind immer wieder solche Momente, da geht gar nichts leicht, da bin ich weit weg vom Abheben, an Flugversuche ist nicht zu denken. In diesen schweren Lebenszeiten besteht die Gefahr, dass mich meine eigenen Vögel fest am Boden halten. Sie sitzen auf meinen Schultern oder auch in mir drinnen, z.B. der Nicht-gut-genug-Vogel oder der Leistungs-Vogel, der Vogel der Gier, manchmal auch der Jammer-Vogel. Mantraartig singen sie mir ihre Vogelbotschaften vor: »Das könnte doch noch besser sein!«, oder »Was denken denn die anderen von dir?«, oder »Nur nicht aufgeben, das hast du begonnen, das musst du also fertig machen!« Mit diesen Botschaften hindern mich die eigenen Vögel daran, loszulassen, wieder zu vertrauen, zuerst mir selbst und dann auch den anderen.

Flugversuche begleiten mich täglich in meiner ärztlich-therapeutischen Praxis, wenn ich Menschen ermutige, ihre Flugverhinderer aufzuspüren, ihre jeweiligen Vögel zu entlarven, sie kennenzulernen, sie immer wieder fliegen zu lassen, um selbst zu der ersehnten Leichtigkeit zu gelangen. Ich arbeite mit Menschen an ihren ganz persönlichen Flugermöglichern. Meinen Patienten und Patientinnen gebührt an dieser Stelle ein besonderer Dank, manchmal darf ich Flugbegleiter sein, und schon oft habe ich die Erfahrung gemacht, dass ich als Therapeut ein von meinen Patienten Beschenkter bin, beschenkt von ihren Fluggeschichten, ihren Neustarts nach so mancher Bruchlandung und ihrem oft so klaren Umgang mit den eigenen Vögeln. Veränderung beginnt dort, wo wir die Dinge sehen, erkennen können, und ich habe große Wertschätzung vor Menschen, die sich trauen, genau hinzuschauen.

Oft sind es Erkrankungen, die uns deutlich an unsere Vögel und Überlebensmuster heranführen. So habe ich mich in den letzten Jahren mit der Diagnose einer Herzerkrankung erstmals auf der Patientenseite erlebt. Ich habe dabei die Erfahrung gemacht, dass es leichter ist, ein Buch über Herzensangelegenheiten zu schreiben als zu akzeptieren, selber eine Herzensangelegenheit zu haben. Und ich spüre immer deutlicher, wie viel mir noch am Herzen liegt, dieses Buch ist ein Teil davon. So habe ich gelernt, genau hinzuschauen, was mir wirklich wichtig ist, wie weit mich und mein Leben Loyalität bestimmt und prägt, und wann es mir gelingt, als Liebender zu leben.

Als Therapeut habe ich gelernt, mit anderen Herzen in Verbindung zu gehen, hinzuhören und »Herzen zu lauschen«, jetzt ist es mein größter Flugversuch, mit meinem eigenen Herzen gut in Verbindung zu sein und dorthin zu lauschen. Mit meiner eigenen Krankheitserfahrung kann ich mich auf Flugversuche nochmals ganz anders einlassen, und ich habe gelernt, dass Veränderung Zeit benötigt, dass der Versuch ein Ausdruck meiner Hoffnung ist und dass manchmal der Versuch schon bedeutsamer ist als ein glänzender Höhenflug. Es geht für mich eben nicht um Perfektion, zwanghafte Perfektion ist ein Vogel, der uns unfrei macht. Das Gegenteil von Mangel ist nicht Perfektion, sondern »gut genug sein«. In diesem »gut genug sein können« steckt auch der Mut, sich selbst verletzlich, manchmal auch hilfsbedürftig zu zeigen, auch der Mut zur Lücke oder der Mut, sich Hilfe zu holen.

Mit meinem Bruder Hans durfte ich schon einige Bücher

schreiben, auch dieses Projekt haben wir gemeinsam begonnen, und dann war es ein Flugversuch für meinen Bruder, an einem bestimmten Punkt des Schreibens auszusteigen, und es ist mein mit meinem Herzen gut abgestimmter Flugversuch, erstmals ein Buch alleine zu schreiben. Ich will meinem Bruder hier im Vorwort Platz geben, weil er den ganzen Prozess der Entstehung dieses Buches vollinhaltlich bis zum Abschluss mit mir mitgetragen und gestaltet hat, auch in der Form, wie er sich die letzten Jahre auf seine eigenen Flugversuche eingelassen hat, und somit richte ich an ihn ein großes Danke für seine Treue zu unserer Bruderfreundschaft, für sein Vertrauen in mich und meine Flugtauglichkeit, für seine vielen inhaltlichen Beiträge und Bereicherungen und für so manchen gemeinsamen Höhenflug.

Wir werden in Beziehung geboren, wir werden in Beziehung auch immer wieder verletzt, was ursächlich für unsere »Vögel« ist, und wir können auch in Beziehung heilen. In vielen Patientengeschichten und auch in unserem Afrika-Projekt »Dialog mit Itete« durfte ich lernen, wie Heilung letztlich dort gelingt, wo Menschen bereit sind, für ein klar definiertes Ziel zusammenzuarbeiten, wo sie nicht in ihren eigenen Vögeln gefangen sind, sondern sich in Wertschätzung füreinander und die jeweils anderen Vögel konkurrenzfrei für etwas Gemeinsames einsetzen. So ist dieses Buch auch als ein Flugversuch meinerseits zu verstehen, mich klar für eine gesellschaftliche Entwicklung der Öffnung zu exponieren, für Dialog, für Integration, für ein Leben in Resonanz mit den Menschen, in Resonanz mit der Welt, die wir als Gäste bewohnen.

Dieses Buch, »Flugversuche«, ist auch ein Bekenntnis von mir, das Lebensgeschenk dankbar, neugierig und wertschätzend anzunehmen und als Liebender zu leben. Dankbar darf ich das mit meiner Frau Sigrid seit über 40 Jahren ernten und bin ihr auch dankbar für ihr kritisches Lektorat nicht nur der vorliegenden Texte und Geschichten, sondern auch ihr »Lektorat« im Zuhören und mit mir sein, dankbar vor allem für so viele liebevolle Start- und Neustartversuche auf unserem langen gemeinsamen Flug durch ein aufregendes Leben. Niemand kann mich so liebevoll wie sie auf manch störenden Vogel hinweisen, mir meine eigenen Flugverhinderer aufzeigen und mich zum gemeinsamen Flug einladen.

Und so bin ich schon mitten drin im Thema: Es geht bei Flugversuchen um Beziehungen, Begegnungen, Verbindungen und Lösungen, ums Sein und ums Lassen. All das und einen guten Flug beim Lesen, mit immer wieder sicheren Landungen, wünsche ich allen meinen Lesern und Leserinnen.

Georg Wögerbauer, Kreta, im September 2019

Flugversuche

Vorweg eine gute Nachricht:

Sie haben auch einen Vogel, oder hoffentlich mehrere!

Die zweite gute Nachricht:

Ihre Vögel haben Flügel. Sie können fliegen!

Und die dritte gute Nachricht:

Sie dürfen Ihre Vögel durchaus gerne haben!

Unsere Vögel sind unsere wahren Lehrmeister.

Wir verdanken ihnen viele Fähigkeiten. Sie zeigen uns unsere Verletztheiten und unsere Verletzlichkeit auf und bergen Potenzial für unsere Entwicklung zu Zufriedenheit und Wachstum.

Dieses Buch ist eine spezielle Abhandlung über Vogelkunde. Obwohl ich kein Ornithologe bin, habe ich mich doch viele Jahre in meiner ärztlich-therapeutischen Tätigkeit mit so manchen Vogeltypen auseinandergesetzt, vor allem, und das ist so wichtig in meinem Beruf, immer wieder mit meinen eigenen Vögeln.

In meinem Beruf begegne ich Menschen mit sehr unterschiedlichen Flugkonzepten und Eigenschaften: ständige »Überflieger«, Getriebene, Rastlose wie »wilde Hummeln«, aber auch solche, die gar nicht mehr daran glauben, fliegen zu können. Manche benötigen eine Starthilfe, andere sind dankbar für Navigation bis hin zur sicheren Landung.

Ich bin kein Flugexperte, aber ich weiß um meine eigene Sehnsucht nach Leichtigkeit im Leben, nach Authentizität. Jedes Jahr älter werdend und speziell immer wieder hier in Kreta landend, werde ich darin bestärkt, dass ich das Angestrengte in meinem Leben nicht mehr will. Ich bin überzeugt, dass echte Höhenflüge in lebendig gelebten, authentischen Beziehungen gelingen und dass gerade solche Beziehungen notwendig und nährend sind, um auch Krisen, Turbulenzen, manchmal auch Notlandungen meistern zu können.

Der erste Teil des Buches beschäftigt sich mit den unterschiedlichen Vögeln, die ich in vielen Jahren bei mir selbst und den Menschen, die sich mir anvertrauen, entdecken durfte: vom Leistungs-Vogel über den Opfer-Vogel und den Angst-Vogel bis hin zum Jammer-Vogel, dem Macht- und Kontroll-Vogel oder dem Gutmensch-Vogel.

Ich erforsche die unterschiedlichsten Start- und Landebedingungen für diese Vogelarten und beobachte genau, welcher Vogel womit genährt wird und warum sich manche Vögel bei bestimmten Menschen so heimisch fühlen.

Der zweite Teil beschäftigt sich mit der tiefen Sehnsucht von uns Menschen nach einem Leben in Leichtigkeit. Ich beschreibe ideale Flugbedingungen und erforsche mögliche Turbulenzen in Zusammenhang mit den individuellen Vögeln.

Mein Zugang als Arzt zu den Flugversuchen ist nicht primär »evidence based«, sondern »human based«. Das heißt, mir geht es hier nicht um einen wissenschaftlichen Zugang, sondern ich will mich diesem Thema ganz menschlich nähern. Ich erzähle Geschichten, stelle Bilder zur Verfügung und will damit berühren, und durch die Berührtheit auch etwas bei mir und den Lesern und Leserinnen in Bewegung bringen. Ich erhebe nicht den Anspruch, beispielsweise in der Beschreibung des Sucht-Vogels, alle Details bis hin zur Psychopathologie der Suchterkrankung zu beschreiben, sondern will als Arzt für Gesundheitsentwicklung und -förderung Impulse geben für eine Lebensgestaltung, die unserer Leib-Seele-Einheit guttut und dem Gesundsein im individuellen, aber auch im soziokulturellen Kontext förderlich ist.

Ich will mit den »Vogeltypen« nicht kategorisieren und Menschen nach Schemata einteilen, sondern will Impulse geben für gelingende Flugversuche.

Wir Menschen sind zu komplex gebaut, als dass wir mit einem Rezept von »drei Mal täglich« versorgt werden könnten. Das würde der Spezies Homo sapiens nicht gerecht und würde eher dem Vogel der Enge entsprechen.

Wer seine Vögel kennt und sie auch gernhaben kann, hält – so meine Überzeugung – auch bereits das gesamte Potenzial für echte Flugversuche in den eigenen Händen. Manche gehen den Vogelheilkunde-Weg alleine, manche, und das ist sehr hilfreich, in Beziehungen, die tragen.

Das Ziel bleibt immer: ein Leben in Stimmigkeit und Zufriedenheit zu leben, in lebendigen Beziehungen.

Ein neuer Tag, ein neuer Flugversuch

noch ramponiert
von den Turbulenzen
des gestrigen Fluges
mit unsanfter Landung

putze ich sorgfältig
mein Gefieder
sitz' einfach da

Lebenstag beschenkt
ordnend – fühlend

und horche
auf mein Herz

wissend um viele
wunderbare Flugbegleiter
denen ich heute
begegnen darf

werden wir fliegen?
gemeinsam?

Sehnsucht nach Leichtigkeit

Flugversuche habe ich schon viele gemacht, elegante Starts und viele Startversuche. In den 59 Jahren meines Lebens ist mir auch so mancher Flug gelungen, Höhenflüge gab es sogar, dann wieder heftige Landungen – manchmal sanfte, dann wieder solche mit erheblichen Verletzungen.

Die vielen Versuche lassen mich vorsichtiger werden. Meine Erfahrung hilft mir, vor allem in meinem Beziehungsleben mit Flugversuchen achtsamer umzugehen, im eigenen Interesse, aber auch im Sinne aller Menschen, denen ich begegne, mit denen ich mein Leben teile.

Wonach sehne ich mich in meiner Lebensgestaltung, was ist mir wichtig zu erleben in den Jahren, die mir noch geschenkt sind? Wofür klopft mein Herz, was will ich mit den Menschen erleben, die mein Leben mit mir teilen? Worauf will ich mich jeden Tag freuen, wenn ich in der Früh aufwache, und wofür will ich abends dankbar sein, um zufrieden einzuschlafen? Wie will ich mein Lebensgeschenk täglich annehmen?

Häufig ist es eine Erkrankung, die uns kritischer und aufmerksamer macht, wenn wir unsere Lebensspur betrachten. Manchmal kann Kranksein, eine Krise, eine ungeplante Veränderung in unserem Lebenskonzept eine Starthilfe sein für einen neuen Flugversuch, eine neue Definition dafür, was ich in meinem Leben noch erfliegen will.

Leichtigkeit als Kontrapunkt zur Schwere. Ich spüre eine tiefe Sehnsucht nach einer Leichtigkeit, die mich wendig macht, die Flugmanöver zulässt, eine Lockerheit, die es mir ermöglicht, viele und vieles aus unterschiedlichen Perspektiven zu sehen, Menschen in ihrer Buntheit und Vielschichtigkeit zu erkennen, zu begreifen, sodass es mir möglich wird, spontan auf Veränderungen zu reagieren, auf geänderte Rahmenbedingungen, auf Neues.

Ich habe Sehnsucht, eingefahrene Geleise in unterschiedlichen Lebensbereichen zu verlassen, bei mir selbst, in meinen Beziehungen, aber auch in meinem Beruf. Als zu bunt und zu einzigartig habe ich das Wunder Mensch in meinem Leben kennengelernt, um auch nur einen Tag länger eingefahrene Geleise zu akzeptieren, für mich, aber auch für andere.

Allein über diese Sehnsucht zu schreiben, öffnet mein Herz. Ganz Ähnliches geschieht mit mir, wenn mich mein sechs Monate alter Enkelsohn anstrahlt. Er tut das mit der Selbstverständlichkeit eines Geliebten und immer mehr Liebenden! Dieses Gefühl erfasst nicht nur mein Herz, sondern auch meine Atmung.

Dieses erkennend, wünsche ich mir wieder jene Beweglichkeit, die in mir steckt, die gelebt werden und zum Ausdruck kommen will als notwendige Ergänzung zur Bewegtheit in mir.

Möge dieses Leicht-Sein, nach dem ich mich so sehne, auch meine Gedanken erfassen und dort viele Schleusen öffnen, Programme schließen und To-do-Listen löschen. Ich sehne mich nach Freiheit im Kopf, nach einer Leichtigkeit, die mir hilft, mit meinen Sinnen und Gefühlen zu sein.

aufsaugen, was ich sehe, ohne es zu bewerten
riechen, was da ist, und schmecken voller Genuss
tasten, berühren, erspüren, mich und alles um mich,
Natur und menschliche Wesen mit allen Sinnen erfassen
und so herzverbunden
wieder den Sinn meines Seins begreifen.

Wenn ich zu Flugversuchen schreibe, will ich es nicht beim Versuch belassen. Ich spüre die Sicherheit in mir, dass ich abheben kann, wenn es mir gelingt, ich selbst zu sein. Fixe Bilder, eigene und jene, die andere von mir haben, engen ein, verhindern Abheben und zwingen mich, immer wieder alte Muster zu leben. Doch meine Sehnsucht ist, Neues zu erleben, wachsend und lernend, und dem Leben in seiner Buntheit ebenso bunt, spielerisch und leicht zu begegnen.

Flugversuche zu leben heißt auch, immer wieder Kontakt mit Kindern und jungen Menschen zu suchen, mich anstecken zu lassen von ihrer so spürbaren Selbstverständlichkeit, das Eigene zu leben.

Ich sehne mich nach einem Sein, das es mir ermöglicht, auch andere Menschen in ihrem Sein sehen und verstehen zu können.

Da gibt es auch noch die Sehnsucht, aus der Einsamkeit des »Immer-wieder-tun-Müssens«, aus dem Überlebensmodell des Funktionierens herauszufinden, wissend, dass so mancher Flugversuch und Überflug einfacher und schöner ist, wenn er in Kooperation, in Gemeinschaft geschieht, vorausgesetzt, das Ziel ist klar und gemeinsam definiert.

In über 30 Jahren ärztlich-therapeutischer Tätigkeit bin ich sehr vielen Menschen begegnet, die große Sehnsucht haben, ihr Leben frei zu gestalten, die gerne abheben wollen, alleine oder zu zweit, ohne unnötigen Ballast, den Flug durch ein aufregendes und schönes Leben wagen und gleichzeitig alte Rucksäcke zurücklassen wollen.

Auch dieses Buch ist ein Flugversuch. Ich will Ihnen nicht als Ratgeber begegnen, sondern als einer, der Sie bei Ihren Flugversuchen begleitet und Sie dazu ermutigt.

Wie schnell

reißt der
Verbindungsfaden

der Faden
ist mir lieber
als ein Strick

der Strick bindet
der Faden verbindet

ganz vorsichtig
will ich
ihn pflegen
den Verbindungsfaden

und wenn er reißt
braucht's Fingerspitzen
und Gefühl

den Zarten
wieder
zu knüpfen

Vogelweisheit

Wir alle werden in unterschiedliche Nester hineingeboren. Wir können uns diese Nester nicht aussuchen.

◆ Ich kenne Kinder in Südtansania, deren Mütter bei der Geburt gestorben sind, ihre Väter haben sie nie kennengelernt. Sie wachsen in einer sogenannten extended family irgendwo bei Verwandten oder in einem Waisenhaus auf.
◆ Ich kenne Kinder, die längst landen wollen in einem Nest, von ihren Eltern zwar gewünscht, allein, das Nest ist nicht bereit. Es gibt keinen Landeplatz für sie – zu wenig Zeit, zu viele Aktivitäten.
◆ Ich kenne Kinder, die in einem wunderbaren Nest landen, geliebt und getragen von präsenten Eltern.
◆ Ich kenne auch liebend gelandete Kinder, die samt ihren Eltern kriegs- und armutsbedingt flüchten müssen, um zu überleben. Diesen Familien auf der Flucht wünsche ich starke Zivilgesellschaften, die ihnen Landeplätze für einen neuen Nestbau gewähren, die Integration ermöglichen und nicht erschweren.

Unterschiedliche Nestqualitäten und Lebensräume, in die wir Menschen geboren werden, schaffen unterschiedliche Wachstums- und Entwicklungsmöglichkeiten.

Wir erhalten in unseren Nestern viel Gutes, Nährendes, Positives, erleben aber auch manche Irritation und Verletzung. Jeder von uns trägt auf diese Weise seinen Rucksack, gefüllt mit Ressourcen, aber auch mit unnötigem Ballast. So gehen wir mit diesem Rucksack durchs Leben, Ressourcen gut nutzend und immer wieder darauf bedacht, Unnötiges und Verletztes stückweise abzugeben. Den Rucksack brauchen wir, er beinhaltet wichtige Gaben für unser Leben. Den Inhalt dieses Rucksacks nenne ich hier allegorisch unsere Vögel. Deren gibt es viele. Sie spielen eine ganz besondere Rolle in unserem Leben. Diese Vögel haben mit unseren Verletzungen zu tun, aber auch mit unseren Stärken. Jeder Mensch bekommt unterschiedliche Vögel ab. Viele werden über Generationen vererbt und weiterentwickelt, manchmal bis zur Perfektion.

Ein erster Schritt zur Vogelweisheit kann darin bestehen, zu erkennen, dass ich einen (oder mehrere) Vögel habe. Dies ist ein großer Schritt, denn gefährlich sind vor allem jene Menschen, die Vögel bei den anderen ganz genau erkennen und benennen, aber keine Ahnung von ihren eigenen Vögeln haben. Unsere Vögel sind ja auch wichtig, um sich daran festzuhalten, und stehen häufig für ein in unserer frühen Kindheit erlerntes Überlebensmuster.

Ich kann an Weisheit nur gewinnen, wenn der zweite Schritt gelingt: Den einmal erkannten Vogel als den eigenen zu akzeptieren ist ein Schritt, der uns Menschen immer wieder schwerfällt. »Der oder die hat ja echt einen Vogel!«, sagen wir mit aller Bestimmtheit, nur den eigenen, im Grunde auch für unser Wachstum so wichtigen Vogel wollen wir oft nicht erkennen und schon gar nicht akzeptieren.

Der nächste Schritt besteht nun darin, den akzeptierten Vogel zu benennen und genau zu erforschen. Es macht einen Unterschied, ob der Vogel ein Huhn, ein Adler, ein Spatz oder ein Lämmergeier ist. Und auch in diesem Fall ist es wieder verführerisch, den Vogel der Partnerin, des Freundes, des Chefs oder der Lehrerin zu benennen. Nur für die eigene Vogelgattung finden viele nicht den richtigen Namen.

In den folgenden Geschichten benenne ich verschiedene Vogeltypen und beschreibe sie exemplarisch. Wissend, dass es sehr viele Vogelarten gibt, will ich nicht kategorisieren oder einteilen. Ich beschreibe vielmehr mit Vergnügen verschiedene Prototypen der menschlichen Vogelheilkunde und bin beruhigt, dass per Definition alle Vögel Flügel haben – selbst das Huhn kann zur Not fliegen.

Das heißt, alle von mir beschriebenen menschlichen Vögel können fliegen. Das ist ja auch die Botschaft des Buches »Flugversuche«, weil ich überzeugt bin, dass immer dann, wenn wir unsere Vögel mutig fliegen lassen, wir einen weiteren Wachstumsschritt zur Leichtigkeit wagen, um selber ins Fliegen zu kommen.

Aber zuvor ist noch der vierte Schritt zur Vogelweisheit nötig: Es gilt, den eigenen Vogel nicht nur zu akzeptieren und zu benennen, sondern ihn auch gerne zu haben, ja, zu lieben! Denn mit unserem Überlebensmuster sind wir auch erwachsen, künstlerisch, kreativ, erfolgreich und vieles mehr geworden. Tatsächlich entwickeln wir Menschen aus unseren verletzten Anteilen ganz Großartiges und können vieles schaffen.

Es gilt also, diesen Vogel in seinen Qualitäten zu sehen und auch gerne zu haben, ihn liebevoll zu streicheln, durchaus als einen ganz persönlichen Reichtum wahrzunehmen und zu schätzen.

Wenn Sie sich jetzt fragen oder bemerken, dass Sie Ihren ureigensten Vogel noch nicht erkennen oder benennen können, dann lade ich Sie ein, sich zu erinnern, wie Sie in Ihrem Leben bisher in einer Extremsituation reagiert haben, wie Sie sich verhalten, wenn Sie existenziell bedroht sind, sich persönlich in die Enge getrieben fühlen. Das Muster, in dem Sie reagieren, beschreibt ziemlich genau Ihren Vogel: den Angst-Vogel oder den Opfer-Vogel, den Jammer-Vogel oder den Kontroll-Vogel, den Perfektions-Vogel oder den missionarischen Vogel (z.B.: »Ich weiß immer, was für dich gut ist, was du wirklich brauchst!«)

Wenn es uns also gelingt, die Qualitäten unserer Vögel liebevoll zu beschreiben und diese auch gerne zu haben, dann kann der fünfte Schritt zur Vogelweisheit gelingen: Wir dürfen mit unserem jeweiligen Vogel Flugversuche wagen.

24

Oft klammern wir uns jahrelang bewusst oder unbewusst an unseren Vogel und wundern uns, dass wir nicht wirklich weiterkommen. Wir träumen vom Flow, von der Leichtigkeit, vom Leben wie im siebenten Himmel, aber der eigene Vogel hindert uns am Fliegen. Bei unseren Flugversuchen geht es darum, geduldig und liebevoll, in kleinen Schritten, den Vogel zuerst einmal von der linken auf die rechte Schulter und wieder zurückfliegen zu lassen, die kurzen, vogelbefreiten Momente zu erfahren und zu genießen. In einem nächsten Schritt können wir dann auch schon mal ein Fenster öffnen und den Vogel zu einem kleinen Rundflug einladen. Sie können sicher sein, er kommt immer wieder zurück, spätestens in Situationen, wo es für Sie eng wird.

Aber wie angenehm sind sie doch, diese vogelbefreiten Momente! Oft ermöglichen sie erst eine Partnerschaft oder auch das Gefühl von wirklichem Freisein und voller Präsenz, das Gefühl, zufrieden und nicht getrieben, einfach ganz da zu sein.

Ich stelle mir vor, wie es wäre, wenn wir unsere Voliere öffneten und sie losließen auf freien Flug, die Angst-Vögel, die Gier-Vögel, die Macht-Vögel, die Leistungs-Vögel, die Opfer-Vögel oder wie sie alle heißen. Vielleicht können nun auch neue Vögel landen: bunte Vögel, der Genuss-Vogel oder der Neugier-Vogel, der kreative oder der freche Vogel, der lustige oder der listige Vogel?

Man muss sich trauen und es braucht Vertrauen, um sich auf dieses Experiment einzulassen. Beziehungen schaffen das ideale Setting für Flugversuche und Wachstum; genau dafür sind wir von der Natur perfekt ausgestattet, für Verbundenheit, Verbindung und auch für Losgelassenheit, für Autonomie, für Höhenflüge und Gleitflüge – alleine oder zu zweit.

In diesem Sinn wünsche ich Ihnen Spaß beim Studium der menschlichen Vogeltypen und vor allem bei den Flugversuchen!

Mut

mich
mutig
zumuten

vermutlich
mutlos

unmutig
bin ich

anmutig
mutig

und will
jetzt
gleich
mutig
beginnen
gleichmütig

in Gleichmut
zu sein

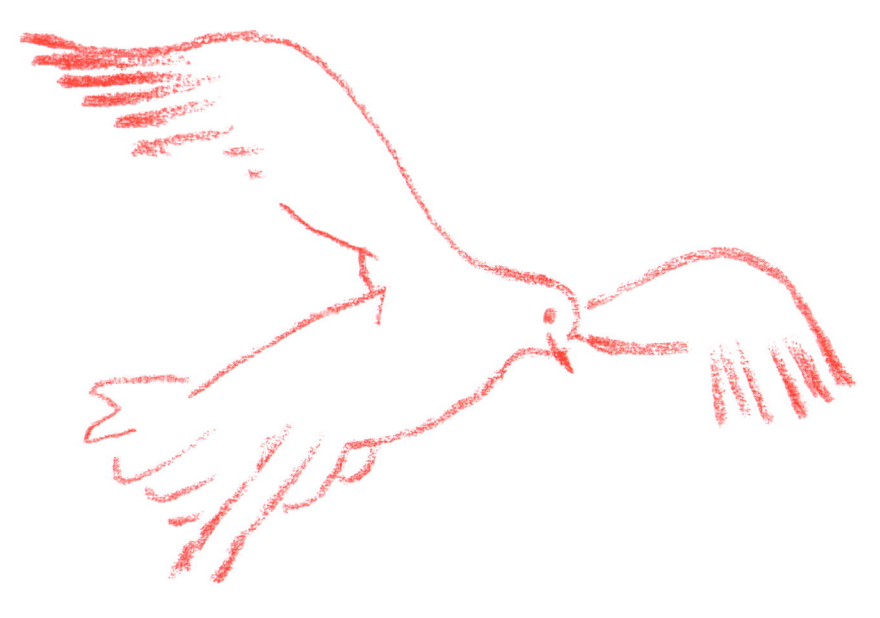

Der Sucht-Vogel

Diesen beschreibend muss ich sehr vorsichtig sein. Lebt doch unsere Wirtschaftsform davon. Er ist weit verbreitet und dadurch charakterisiert, dass man ihn bei den anderen sofort erkennt. Am sichersten ist der Sucht-Vogel dann bei einem Menschen gelandet, wenn rundherum schon alle die Sucht erkennen, der Betroffene aber noch immer sein sehr intimes Verhältnis mit dem Sucht-Vogel leugnet.

»Süchtig sind alle anderen, nur nicht ich« – das ist bereits eine gute Sucht-Definition für den, der diese Behauptung aufstellt. Der Sucht-Vogel ist Meister im Landen, und wo er einmal gut gelandet ist, bringt man ihn kaum mehr weg. »Einmal Junkie, immer Junkie« ist ein unter Suchttherapeuten durchaus bekannter Satz, der Menschen mit Sucht-Vögeln darin bestärken kann, zu sagen: »Na, dann erst recht!«

Der Sucht-Vogel ist kein bunter Vogel, er ist auch nicht besonders attraktiv, er singt sehr monoton. Mit ihm zu leben, ist wohl das langweiligste Leben, das es geben kann.

◆ Ich ärgere mich und trinke Alkohol.
◆ Ich bin enttäuscht und zünde mir eine Zigarette an.
◆ Ich habe Stress mit meiner Frau und gehe arbeiten.
◆ Ich bin müde und fange an zu essen.
◆ Ich bin allein und bin schon im Internet.
◆ Ich beklage mich, keine Freunde zu haben, und schütte mich mit Aktivität zu, damit ganz sicher auch keine bei mir landen können.
◆ Ich bin freudlos und erschöpft und gehe einkaufen, was ich nicht brauche.

Solange ich zwischen arbeiten, rauchen, Freunden oder Internet noch wählen kann, bin ich nicht krank, schon gar nicht süchtig. Wer sagt, dass wir unsere Freizeit immer kreativ, intelligent, genussvoll oder gesund gestalten sollen, der hat vielleicht Besuch vom Gesundheits- oder Freizeitstress-Vogel.

Sucht ist erst dann ein Thema, wenn wir keine Wahl mehr haben, sondern wenn ein ganz intensives und unwiderstehliches Verlangen da ist, nach genau dem einen: nach Nikotin, Alkohol, Arbeit, Sex, Internet, Medikamenten. Die Suchtdynamik ist monoton und langweilig. Der Sucht-Vogel schleicht sich im Federkleid des Genuss-Vogels an.

Konfliktvermeider bereiten geradezu eine Landebasis für den Sucht-Vogel. »Bevor ich mir diese Diskussion mit dir gebe, trinke ich lieber ein Bier oder zwei oder drei.« Oder: »Ich geh ins Internet.«

Das allein hat noch nichts mit Sucht zu tun. Wenn jedoch das Internet und die dortigen virtuellen Beziehungen meine ganze Energie abziehen, wenn mein ganzes Handeln und Tun nur mehr darauf ausgerichtet ist, möglichst viel und ungestört im Internet zu sein, viele Stunden täglich, wenn ich mich auf diese Weise aus meiner realer Beziehungswelt entferne und damit auch von mir selbst, dann hat mich der Sucht-Vogel bereits fest im Griff, mich mit seinen Krallen gepackt. Kein Süchtiger sagt, seine Sucht sei lustig. Co-abhängige Menschen leiden besonders mit und gestalten in ihrer Co-Abhängigkeit mit ihrem jeweiligen eigenen Vogel wiederum unbewusst ideale Landebedingungen für den Sucht-Vogel. Als Sucht-Vogel-Ergriffene sind wir nur mehr begrenzt beziehungsfähig.

◆ Ich erreiche meinen Mann überhaupt nicht mehr.
◆ Mein Kind ist mir auf einmal ganz fremd geworden.
◆ Sie entzieht sich mir zu 100 Prozent, wir können nicht einmal mehr streiten.

Wirkliche Sucht ist Tristesse, Langeweile, Einsamkeit, körperliche und seelische Abhängigkeit. In extremer Ausprägung bedarf es professioneller therapeutischer und medikamentöser Begleitung, um den Krallen des Sucht-Vogels zu entkommen. Manchmal ist zur Verwirrung des Sucht-Vogels auch ein Umfeldwechsel hilfreich. Der Suchtkranke findet sich in neuer Umgebung, erlebt sich mit anderen Menschen und baut langsam Verbindung zu sich selbst auf, eine Einladung für Genuss-Vögel, vorsichtig anzuklopfen und einen potenziellen Landeplatz zu sondieren.

Der Sucht-Vogel ist ein permanenter Verführer. Er setzt sich auf meine Schulter, wenn ich unrund, nicht gut mit mir in Verbindung bin, und dann flüstert er mir zu:

◆ Du musst ja so viel arbeiten, bei den hohen Fixkosten deines Betriebes.
◆ Du rauchst die Zigarette eh immer nur zur Hälfte.
◆ Du weißt eh, du hast schon gestern und vorgestern Alkohol getrunken, morgen trinkst du ganz bestimmt nicht, aber heute muss es sein.
◆ Du musst ja für deine Kinder und vor allem für deine Familie und deinen Job immer erreichbar sein, also bleibst du besser ständig rufbereit.
◆ Wenn du die Marathonzeit um fünf Minuten verbessern willst, dann musst du eben 15 Stunden die Woche trainieren. Das kann doch für deine Frau und die Kinder nicht so schwer zu verstehen sein? Du musst ja schließlich leistungsfähig bleiben in deinem Beruf.

Sucht, suchen wonach?

Eines ist klar: Genießer werden nicht leicht süchtig. Der Genuss-Vogel möge landen und unsere Zeit erfüllen, damit wir wahrnehmen können, was wir an Möglichkeiten haben, zu genießen. Er ist ein guter Coach aus der Sucht, er schränkt mich nicht ein, sondern hilft mir, die volle Klaviatur meiner Möglichkeiten zu nutzen und zu bespielen. Der

Genuss-Vogel ist kein Luxusgeschöpf, aber er landet nur dort, wo es Zeit gibt und Energie, den Genuss zuzulassen. Zeiträume und Freiräume sind notwendige Landebasen für den Genuss-Vogel.

◆ Ein wunderbares Essen zu zweit
◆ Einen Augenblick in die Augen des Gegenübers blicken
◆ Eine Berührung
◆ Ein gutes Buch
◆ Tanzen
◆ Singen
◆ … groß ist die Palette der Möglichkeiten, die wir mit dem Genuss-Vogel auf der Schulter erkunden können.

Viele Menschen haben Sehnsucht nach rauschhaften Erlebnissen, vom Liebesrausch über den Arbeitsrausch, den Flugrausch, den Rausch einer wunderbaren Begegnung, eines fantastischen Essens, den Rausch der Bewegung! Der Sucht-Vogel hat mich erwischt, wenn ich mit Rausch nicht mehr umgehen kann, wenn der Rausch nur der Betäubung dient, wenn der Rausch konsumistisch inszeniert wird und nicht mehr in einem guten und sicheren Beziehungsrahmen eingebettet, liebevoll gestaltet, erlebt werden kann.

Gute Räusche wollen wohl vorbereitet und in sicherem Rahmen erlebt sein – sie ermöglichen uns immer wieder wunderbare Überflüge und wir tun gut daran, dabei auch die sichere Landung zu bedenken und entsprechend vorzubereiten.

Flugversuch-Fragen
◆ Welche Möglichkeiten zu genießen habe ich gerade jetzt, in diesem Augenblick?
◆ Wer sind die Menschen, mit denen ich gerne genieße?
◆ Was waren meine Genuss-Momente in der letzten Woche?
◆ Meine Lebenszeit ist ein Geschenk. Was will ich alles noch genießen und mit wem?

- Welche Beziehungen – privat oder beruflich –, verführen mich immer wieder dazu, dem Sucht-Vogel in meinem Leben Raum zu geben?
- Wenn ich den Sucht-Vogel wegschicke, wie schauen die bunten Genuss-Vögel konkret aus, die mich dann tanzend und singend umschwirren?
- Was sind die Startprobleme meines Sucht-Vogels, die ihn letztlich immer wieder am Abheben hindern?
- Was habe ich heute schon Schönes gesehen? Was ist das Schöne in meinem Leben, wie viel Platz gebe ich dem Schönen, und wie bin ich in der Lage, das Schöne mit Herz und Hirn aufzunehmen?
- Wie kann ich Schönes erkennen, in mir, an mir, rund um mich?

Das Schöne erkennen
in mir
an mir
rund um mich

Wenn ich
nicht in Beziehung bin
bin ich verführbar

Wenn ich
in Beziehung bin
bin ich nicht verführbar
oder

… ich lass mich
verführen,
weil ich
in Beziehung bin.

Morgenspaziergang

Alleine gehend
kommt mir
das Schöne entgegen

Ich erkenne es
staunend

so oft schon erblickt
noch nicht erkannt

Jetzt ist es da

da – Blume
da – Hände
da – du
da – wir

Das Schöne
endlich
erkannt

Lebenslänglich

Was will ich noch
vom Leben?

was will das Leben
von mir?

leben
lieben
lernen
wachsen

liebend
Lebensraum
gestalten

ein Lebens-
ein Liebes-
Ermöglicher sein

liebend
leben

lebenslänglich

Ein bunter Vogel

Onkel Joe war ein besonderer und für mich sehr wichtiger Mann. Er war ganz anders als alles, was mir in meiner Familie vorgelebt wurde. Das beginnt schon bei seinem Namen. Er war der »Onkel Joe« und nicht so sehr der Onkel Josef gemeinsam mit seiner Frau Tante Grete, er war für alle zehn Kinder unserer großen Familie eine besondere Bereicherung. Beide waren mit uns nicht verwandt, sozusagen Wahlonkel und Wahltante.

Wurden wir Kinder sehr streng, katholisch und bürgerlich brav erzogen, war Onkel Joe mit seiner Familie einfach anders, ein bunter Vogel eben. Für mich war es immer wieder eine Freude, wenn er, wie fast immer, bei den großen Familienfesten dabei war. Seine Art zu argumentieren, seine Lebensweise, seine politische Orientierung, seine Haltung zur katholischen Kirche, all das war anders als die Welt, in der ich aufwuchs. Wie habe ich es genossen, wenn Onkel Joe in ganz feierlichen Momenten unserer Familienfeste aufgestanden ist und karikierende, lustige, selbst geschriebene Gedichte vorgetragen hat. Manchmal hat er dann noch einen Boogie aufgelegt und dazu getanzt, ganz alleine, einfach getanzt, vor uns allen im Speisezimmer. Immer wieder habe ich es dann genossen, wenn auch mein strenger Vater lachen musste und dem Charme und Schmäh dieses witzigen Onkels nicht entkam.

Onkel Joe war anders: Er ist mit einer Harley Davidson durch Amerika gefahren und hat mit seiner Frau viele und weite Reisen unternommen. Er ist nicht in die Kirche gegangen. Sein Sohn und ich waren gute Freunde, und fast jeden

Sonntagnachmittag habe ich mit Onkel Joe und seiner Familie Canasta gespielt. Mein Vater hat mir viel Schönes gezeigt und ermöglicht, gespielt haben wir allerdings nie miteinander. Ich durfte öfters mit Onkel Joe und seiner Familie in den Urlaub mitfahren. Ich habe das Bunte, das Andere, das Offene und Tolerante und das Zulassen anderer Sichtweisen in dieser Familie stets sehr genossen. Bei uns zuhause gab es immer wieder theologische oder politische Diskussionen, öfters habe ich meinen Vater auch heftig mit dem Onkel streitend erlebt. Er war ein bunter Vogel, er konnte meinen Vater konfrontieren und ihm Vorhaltungen machen, was wir Kinder uns niemals getraut hätten. Und wenn es dann zu heftig, zu emotional wurde, dann konnte er im richtigen Moment einen Witz erzählen oder eine Parodie bringen oder ein deftiges Gedicht von Wilhelm Busch am Esstisch rezitieren – zur Freude von uns Kindern, zur Irritation unserer sittenstrengen Eltern.

Ich bin meinen Eltern für vieles dankbar, besonders auch dafür, dass sie Tante Grete und Onkel Joe immer wieder in unsere Familie geholt haben. Bewusst oder unbewusst haben sie für uns Türen geöffnet, hinaus in eine andere Welt, wo Menschen ganz vielfältig sind, wo auch andere Weltanschauungen gelten dürfen. Ich konnte auf diese Weise auch früh erkennen, dass es unterschiedliche Lebensmodelle gibt. Dank Onkel Joe erfuhr ich, wie wichtig Toleranz ist und wie bunte Vögel das Leben bereichern.

Von Beruf war Onkel Joe Lehrer, mit Sicherheit ein sehr beliebter, ein künstlerischer und vielseitig begabter Mensch. Er konnte alte Radios reparieren, hat Theater gespielt, Gedichte geschrieben, konnte gut tanzen und vor allem: Ich kenne sein Gesicht meist lachend, mit guten, lachenden Augen, und er hat sich ganz klar gegen alles Dogmatische und Enge gestellt. Er hatte eine hervorragende Plattensammlung, bei ihm habe ich Simon & Garfunkel, Leonard Cohen, Louis Armstrong und anderen herrlichen Jazz gehört – Musikrichtungen, die in meinem Elternhaus undenkbar waren. Onkel

Joe war ein Tabubrecher im positiven Sinn und konnte neue Sichtweisen eröffnen. Er hat viel von der Welt gesehen, hat uns selbst gedrehte und geschnittene Filme aus allen Kontinenten gezeigt. Bei ihm durfte ich fernsehen und Soletti essen, so viel ich wollte. Er war einer, der bei mir den Vogel der Reiselust, das Interesse an anderen Kulturen, an Anderssein und Andersdenken geweckt hat. Wir haben mit ihm den »großen Diktator« und alle anderen Charlie-Chaplin-Filme gesehen und auch Buster-Keaton-Filme. Seine Frau hat die beste heiße Ovomaltine mit Schaum gemacht.

Ich konnte dort genießen und der sein, der ich war.

Für mein Leben war er bereichernd, zugleich war er aber auch wertschätzend und fein zu meinen Eltern, zu ihren Werten und ihrer Art zu leben. Die Leichtigkeit und Weisheit dieses Onkels haben uns fasziniert, und doch weiß ich heute, dass seine Leichtigkeit und sein Reichtum das Ergebnis von vielen Flugversuchen war.

Wenn ich die Buntheit dieses Onkels würdige, so will ich nicht irgendetwas aus meiner Primärfamilie abwerten – ganz im Gegenteil! Vieles verdanke ich meinen Eltern – und kann heute noch deutlicher sehen und würdigen, was sie uns zehn Kindern ermöglicht und geschenkt haben. Und genau deshalb war das andere, das Bunte, das für uns Kinder vielleicht manchmal Komische unseres Onkels so wichtig. Er war anders und in seiner Andersartigkeit auch ein zufriedener Mensch.

Er ist sehr alt geworden und sein Spirit ermutigt mich einmal mehr zum Schreiben dieser Zeilen und dazu, das andere, das Bunte, das Lebendige, das Interkulturelle und das immer wieder Neue in mein Leben einzulassen. Das kann möglich werden, wenn es mir gelingt, bestimmte festsitzende Vögel immer wieder liebevoll, aber mit Nachdruck loszuschicken, damit bunte, leicht verrückte und verrückende Vögel bei mir wieder landen können.

Effizienz

Im Bestreben
jeden Augenblick
sinnvoll
tätig zu sein

      geht mir
      der Sinn verloren
      werden die Sinne
      stumpf

es bleiben
nüchterne Effizienz
rastlose Einsamkeit

      und
      eine große Sehnsucht
      geliebt zu sein

Der Macht- und Kontroll-Vogel

»Macht liebt Kontrolle«, denn es ist ja doch so, dass Macht-menschen am liebsten alles kontrollieren würden. Der Macht-Vogel und der Kontroll-Vogel sind verwandt. So ver-wandt, dass ich sie hier als Zwillings-Vögel beschreibe, weil sie sich oft im »Doppelpack« einnisten. Solche Menschen sind in ihrer eigenen Kindheit selbst häufig Opfer von Ma-nipulation, Gewalt und entwürdigender Kontrolle gewesen, und ihr Überlebensmodell besteht darin, jetzt als Erwachse-ne weiterhin alles und alle kontrollieren zu wollen. Sie sind getrieben von Angst, was sie sich selbst jedoch nie eingeste-hen würden. Meistens sind Menschen, die von Macht-Vögeln bewohnt werden, sehr einsam, haben wenig echte Freunde, vertrauen niemandem und sind gleichzeitig sehr geschickt, anderen ein Handicap, eine Angst, eine Bedrohung einzure-den. Existenziell geschwächte, bedrohte, unzufriedene Men-schen sind anfällig für den Macht- und Kontroll-Vogel, zu dem dann auch noch der Manipulations-Vogel gehört. Die drei sind dann ein wirklich gefährliches Trio – im familiä-ren, gesellschaftlichen, im politischen, im globalen Kontext. Denn Machtmenschen können gut manipulieren und geben oft populistische und plakativ simple, hochgefährliche »Ant-worten« auf sehr komplexe Zusammenhänge und verfüh-ren so Menschen – vor allem unzufriedene Menschen – zu »Lösungen«, die keine sind.

Menschen mit Macht- und Kontroll-Vögeln können explo-dieren, sie schreien dann herum, voll Angst und Hilflosig-keit. Peinlicherweise bemerken sie weder die Angst noch die Hilflosigkeit an sich selbst. Manchen Menschen macht dieses

Gebrüll dann wirklich Angst, wiederum andere finden es nur lächerlich – der Macht-Vogel-Besitzer hingegen ist wirklich in Not, sonst würde er nicht herumschreien. Menschen mit dieser Vogel-Triade sind, was ihren eigenen Körper anlangt, oft unsicher, hypochondrisch, im Grunde ängstlich, weshalb sie in ihrem Verhalten auch immer wieder dem Zwangs-Vogel einen Landeplatz gönnen. Sexualität und sexuelle Energie sind oft auf Funktion und Kontrolle reduziert, dadurch nicht sehr genussvoll oder für die Partnerschaft belastend.

Wie alle Vögel hat der Macht- und Kontroll-Vogel auch positive Fähigkeiten. Menschen, bei denen diese Vögel wohnen, können Sicherheit und klare Strukturen geben, können auf Störungen und Abweichungen sofort hinweisen. Sie können andere souverän und sicher durch Krisen führen, aber – und da liegt die große Gefahr – sie können auch verführen. Wirkliches Führen gelingt nur in Beziehung, was nicht gut möglich ist, wenn der Macht- und Kontroll-Vogel zu mächtig, zu groß wird.

Es kommt immer wieder darauf an, wann und in welcher Situation ich den »Vogel« nutzen kann, und ob ich es auch verstehe und im Lauf meines Lebens lerne, ihn beziehungsweise die Trias aus Macht, Kontrolle und Zwang klar und bestimmt ab und an fortfliegen zu lassen.

Einladung zum Flugversuch

◆ Habe ich einen besten Freund, dem ich mich anvertrauen kann, von dem ich mich auch kritisieren lasse?
◆ Kann ich herzhaft genießen, lachen, feiern?
◆ Wer sind die Menschen, die mir guttun durch ihre Authentizität, durch ihr Lachen, Menschen, die mir signalisieren, dass ich in der Begegnung mit ihnen weder Macht noch Kontrolle brauche, und die sich auch nicht von mir manipulieren lassen?
◆ Was ist meine größte Angst?
◆ Welche Signale sendet mir mein Körper, was ich wirklich brauche?

◆ Wie geht es mir mit einem Lehrer, der mich führt – kann ich mich führen lassen, kann ich Teil einer Gruppe sein, im Chor mitsingen, meine Stimme als eine von vielen ertönen lassen, ohne Dirigent zu sein?
◆ Wann habe ich das letzte Mal gespielt, mit wem, und welche Spiele kenne ich, bei denen es nicht ums Gewinnen geht?
◆ Kann ich beim Sex so richtig auslassen oder bleibe ich in der Funktion und Kontrolle?
◆ Wie reagiere ich auf Kritik oder darauf, ignoriert zu werden?

Flugversuche für den Macht- oder Kontroll-Vogel-Besitzer entlasten seinen Körper, machen die Schultern leicht, entspannen den Nacken, die Wirbelsäule, die Muskeln, sie wirken sich positiv auf Herz und Kreislauf aus und bringen ganz bestimmt auch mehr Blut ins Becken! In diesem Sinn: Guten Flug, ihr lieben Vögel … fliegen kann ich auch ohne euch!

Ja, ich sehe dich

so, wie du bist
in deiner Schwäche
in deiner Stärke
in deiner Traurigkeit
in deinem Lachen

ich will
und kann
dich so sein lassen

in deinen Sehnsüchten
und Bedürfnissen
in deiner Angst und Wut
in deiner ganz eigenen Art

so seh' ich dich
so lieb' ich dich

Selbstverliebt

Im Erfolg – selbstverliebt?
in der Verletzlichkeit – selbstliebend?

Liebevoll mit dem verletzten Selbst

voller Liebe mit mir sein
sehend meine Schwäche

jetzt erst recht
mich lieben

auch,
wenn ich nicht funktioniere

oder gerade dann
mich
selbst lieben

Der Opfer-Vogel

Menschen mit einem zu mächtigen Opfer-Vogel sind ganz einfach Opfer und können sich gut für alle anderen aufopfern. In der Gegenwart solcher Menschen fühle ich sofort meine Bedürftigkeit. Ungefragt lassen sie mich spüren, was mir fehlt, wie schlecht ich gerade aussehe, ständig gibt es Hilfsimpulse für mich und mein Leben. Unaufgefordert helfen sie mir, obwohl ich das oft gar nicht will. In der Gegenwart des Opfer-Vogels spüre ich schnell einen Mangel in mir.

Menschen mit Opfer-Vögeln sind oft sanftmütig, liebenswürdig, doch oft sind sie erschöpft, tun alles, damit sich andere wohlfühlen, schaffen liebevolle Atmosphären, sind meist tüchtig und lieb, sorgen für andere, aber am wenigsten für sich selbst.

Wie schön ist es doch, sich in tiefer Resonanz einem Menschen zuzuwenden, für jemanden da zu sein, liebend, pflegend und sorgend. Der Opfer-Vogel wird erst mächtig, wenn ich beginne, mich aufzuopfern und mich dabei selbst verleugne. Der Opfer-Vogel-Mensch ist ein zutiefst guter Mensch, der gerne für alle da ist und sich selbst dabei vergisst.

Diese Menschen kennen ihre eigenen Bedürfnisse zu wenig und reagieren oft verwirrt bis ärgerlich, wenn ihnen ihr Körper Grenzen aufzeigt, wenn er nicht funktioniert. Schnell werden Pulver gefordert, um möglichst sofort wieder für andere da zu sein, sich für andere aufzuopfern, sich um sie kümmern zu können. Gleichzeitig sind Opfer-Vogel-Menschen trotz ihrer Aufopferung oft allein, in Beziehungen können sie den anderen k.o. lieben, so lange, bis er oder sie sich aus der Beziehung entfernt, was wieder ein Opfer zurücklässt. Da ist dann oft der andere der »Täter«. Es bleibt immer Enttäuschung zurück, ein schlechtes Gefühl: »Ich habe ihn/sie ja immer so geliebt!« Bei der Beschreibung dieses Mechanismus geht es mir nicht um Schuldzuweisungen, sind doch an jeder Beziehung beide beteiligt, sondern ich möchte sensibilisieren und eine mögliche Dynamik aufzeigen.

In seiner »Rolle« überschreitet der Opfer-Vogel oft die Grenzen des anderen und nimmt dabei einer Partnerschaft Raum und Freiheit, zudem ist der Mensch mit übermächtigem Opfer-Vogel überzeugt, den anderen aufs Innigste zu lieben. Solcherart k.o.-Geliebte flüchten dann oft in eine Außenbeziehung, und selbst das wird noch verständnisvoll aus der Opferrolle ertragen. In Wirklichkeit hat der Opfer-Vogel ein riesiges Paket an Aggression in sich und schickt diese Aggression »liebevoll lächelnd« ab. Das ist sehr entwaffnend für das Gegenüber, oft auch unterhalb der Gürtellinie.

Da sind wir auch schon in einer für den Opfer-Vogel gefährlichen Zone – der Sexualität. Vor lauter Aufopferung für so viele Bedürftige und Bedürfnisse anderer wird die eigene Sexualität, Erotik und Libido oft mitgeopfert. Das Lustvolle hat im Leben des Opfer-Vogels nicht so viel Platz. Die eigene Bedürftigkeit wird abgewehrt, dafür bekommen die anderen mehr, als sie wollen oder benötigen.

Menschen, die einen Opfer-Vogel in sich tragen, sind eher mäßig körperverbunden, weshalb sie auch rasch alarmiert und irritiert auf Körpersignale reagieren. Bei so viel Außenorientierung kann der Körper mit vielen Befindlichkeitsstörungen antworten.

Flugversuche für Opfer-Vögel

◆ Ganz achtsam und liebevoll den eigenen Körper entdecken
◆ Die angenehmen Körpersignale wahrnehmen
◆ Tiefe Atmung mit geschlossenen Augen
◆ Zeiten von Stille und Regeneration

- Schritt für Schritt ganz vorsichtig Nähe erlauben
- Ausschau halten nach Sing-Vögeln, nach bunten Vögeln, Tanz-Vögeln, die genussvoll und einfach für sich tun, was schön ist
- Freundschaft mit der Nachtigall schließen und sehnsuchtsvolles Singen
- Sich selbst begreifen, spüren
- Die Fähigkeit der Empathie und sozialen Kompetenz schätzen und im Leben nutzen
- Den Opfer-Vogel dankbar in den Himmel schicken

Seien Sie beruhigt, auch dieser Vogel wird immer wieder ein Comeback versuchen, aber Sie können immer spielerischer mit ihm leben und immer öfter auch ohne ihn.

Ganz schön schwach

Was ist schon schön
am Schwachsein?

Neu ist sie für mich
die Schwäche

Bin ich das?
Bin das auch ich?

Schön und neu,
dass ich
in meiner Schwäche
auch sein darf!

Schön?
Neu!

Ist Schwäche zulassen
ein Teil
meiner Stärke?

Nein!
»einfach«
Schwäche zulassen

Es ist
ein starkes Stück
das Schwachsein

Bitte tu's nicht

Bitte
tu's nicht
nur
mir zuliebe

Ich tu's
auch nicht
nur
dir zuliebe

selbst
liebend

ich
mit mir
verbunden

Du
mit dir
verbunden

begegnen
wir einander

wagen
Verbindung

in liebevoller
Resonanz

Der Ärgernis-Vogel

Dieser Vogel ist omnipräsent, für die Umgebung ein anstrengender und für den Besitzer ein mühsamer, nicht wirklich lustiger Zeitgenosse. Wir kennen ihn alle, nahezu jeder hat ihn, bei den einen ist er etwas größer, bei den anderen etwas kleiner ausgeprägt. Und er fordert uns alle heraus. Was wir lange einüben, das können wir ja bekanntlich gut. Das heißt, wenn wir den Ärgernis-Vogel überall schalten und walten lassen, dann wird er zwangsläufig immer größer und stärker, und so kann er auch immer bedrohlicher werden.

Dieser Vogel kann schon beim Aufwachen aktiv werden: »So spät, hast du den Wecker nicht gestellt? Na das fängt ja schon gut an. Ist eh so ein anstrengender Tag heute, hab ich doch eine Besprechung mit so einem fordernden Typen geplant. Und jetzt auch noch diese blöde Hüfte, die mir weh tut – dem Arzt fällt ja auch nichts Gescheites ein. Sag, hast du ein paar Tabletten für mich? …«

Ein Wesenszug dieses Vogels ist das Schimpfen, mehr oder weniger ausfällig. Bei manchen geht das Schimpfen dann in ein monotones, nicht weniger erquickliches Jammern über. Bei einem derart übelgelaunten Zeitgenossen, nennen wir ihn Franz, geht das dann etwa so: »Jetzt ist die Zahnpastatube auch noch leer, war ja gestern schon mühsam zum Ausdrücken, hättest sie doch gleich austauschen können! Die Kaffeemaschine ist wieder nicht gefüllt und das blöde Schuhband reißt gerade heute, wo ich's doch wirklich eilig habe. Irgendwer verräumt hier immer wieder meine Autoschlüssel! Und im Verkehr haben sie heute alle Deppen gleichzeitig rausgelassen – wo haben die nur alle ihren Führerschein her? Und dann noch diese grottenschlechte Musik im Radio, ich kann das alles nicht mehr hören!«

Er dreht das Radio ab, um es zehn Sekunden später wieder aufzudrehen. Vielleicht gibt es doch noch irgendetwas, worüber man sich ärgern kann: »Jetzt muss ich in die vierte Ebene der Parkgarage, weil schon wieder alles voll ist. Sollen die doch zuhause bleiben mit ihren Vehikeln. Gehen ja doch nur alle shoppen«, jammert er weiter vor sich hin und träumt von einem Lottosechser, damit er endlich von hier weg kann, und sehnt sich nach einem Bauernhof mit Schafen und Hühnern, alles noch besser als die Kollegen im Büro.

»Zu blöd, jetzt ist die Tasche auch noch vom Sitz gerutscht, und der ganze Inhalt im Wagen verstreut.« Unter Schimpfen und Fluchen füllt er alles wieder in die Tasche, stürmt aus dem Auto, hinauf ins Büro. Die Sitzung hat längst begonnen. Oh, der Herr Franz ist auch schon da, wird er eindeutig zweideutig empfangen. »Ich sag's ja, jetzt kann ich zwei Stunden hier mit diesen Idioten verbringen«, murmelt er in sich hinein.

Ärgernisse verfolgen ihn den ganzen Tag, und er schimpft und schimpft! Auf dem Heimweg hört er Nachrichten über Flüchtlinge. »Alle heimschicken, diese Parasiten, sind eh lauter Wirtschaftsflüchtlinge, die nichts arbeiten wollen. Und unsere Politiker sind doch alle Phrasendrescher und Privilegienritter, die Lehrer haben nichts zu tun und Ärzte haben eh keine Zeit für Patienten und außerdem sind sie nur geldgierig.«

Er kommt nachhause und sieht in der Garageneinfahrt seinen pubertierenden Sohn beim Rauchen. Gleich fährt er ihn an: »So weit hast du es also gebracht mit deinen komischen Freunden, diesen Loosern. Ich will keinen von denen in meinem Haus sehen! Und du geh mir mit deinem Tschick aus den Augen.«

Die Ärgernisse setzen sich fort, bis er ins Bett geht, und mit jeder Minute an diesem langen Tag wird Franz immer einsamer. »Was hast du denn für ein furchtbares Parfum, das riecht ja schrecklich!«

Gute Nacht für ihn, für seine Familie, für seine ganze Umgebung! Ein langer Tag mit Ärgernissen ist überlebt, aber ganz sicher hat Franz nicht gelebt!

Groß gewordene Ärgernis-Vögel verhindern Beziehung, Gestaltungsmöglichkeit und Kreativität. Futter für den Ärgernis-Vogel, sozusagen die idealen Lebensbedingungen für diese Vogelspezies, sind Übermüdung, Erschöpfung, chronisches Gehetztsein, ungelöste längere Beziehungskrisen.

Wir bekommen vom Leben immer wieder Momente der Heilung geschenkt, aber der arme Franz in unserer Geschichte drischt auch diese Gelegenheiten kurz und klein.

Sein Sohn steht nicht zufällig in der Garageneinfahrt, weiß er doch, wann der Vater nachhause kommt. Es hätte die schönste Begegnung des Tages werden können, wenn sich der Vater auf den Sohn eingelassen hätte. Der Sohn hat Sehnsucht nach seinem Vater, dieser hätte ihm vielleicht Unterstützer, Begleiter und auch Ratgeber sein können. Oder der Vater hätte sich dem Sohn anvertrauen können, dass an seinem Tag heute alles schief gelaufen sei und er sich freue, jetzt endlich zuhause sein zu können.

»Schön, dass ich dich hier treffe, ich hatte einen so schweren Tag heute im Büro. Und wie war dein Tag?« Vielleicht hätte sich so, oder so ähnlich, ein Dialog entwickeln können, der beiden Männern gutgetan hätte.

Kennzeichen des Ärgernis-Vogels ist das Herumschimpfen. Dieses ist anfangs vielleicht nur subtil, dafür manipulativ, später kann es sehr monoton und verletzend werden, dann geht es nur mehr um »Idioten, Schmarotzer, Nichtstuer« oder »Verbrecher«.

Dieser Vogel wird ja auch durch Ängste gut genährt. Das nützen Politiker, besonders Populisten, gerne aus, um Stimmen zu fangen. Waren es früher Juden oder Kommunisten, so sind heute Flüchtlinge, schlichtweg Ausländer oder andere Störenfriede Ziel ihrer Attacken.

Zuletzt schenkt das Schicksal unserem Mann des Ärgernisses auch noch im Bett einen Moment der Heilung, eine Chance, Frieden zu finden. Seine Frau hat gespürt, dass ihr Mann aus dem Gleichgewicht ist. Denn ein Zeichen von Erschöpfung ist das merkbare Sinken der Frustrationstoleranz und der Resilienz, der Fähigkeit, Spannungen und Stresszustände zu bewältigen. Sie hat vielleicht wahrgenommen, dass sie mit Worten nur schwer an ihn herankommt. Sie wollte ihn mit einem neuen Parfum überraschen. »Komm, leg dich zu mir!« Aber selbst da drischt er noch hinein und verletzt jenen Menschen, der ihm am nächsten ist, so wie zuvor seinen Sohn.

Flugversuch: Gedanken für den Ärgernis-Vogel

◆ Was will ich?
◆ Was sind meine, deine Sehnsüchte?
◆ Wann war ich zuletzt wirklich zufrieden und erfüllt in meinem Leben?
◆ Welche Lebensbedingungen sind es, die mich ständig unter Druck halten, mir das Gefühl vermitteln, ein ständig Gejagter zu sein?
◆ Welches sind meine Schutzräume, in denen ich zur Ruhe kommen und abschalten kann?
◆ Habe ich eine beste Freundin, einen besten Freund, die mir hilfreich den Spiegel vorhalten können?
◆ Was wollen mir die vielen Ärgernisse aufzeigen?
◆ Was hilft mir am besten, aus so einer Stimmung des Verärgertseins herauszukommen?
◆ Wann war ich zuletzt wirklich gut ausgeschlafen?
◆ Wie geht es mir mit dem Ansprechen von Störungen?
◆ Wer sind die Menschen, die von mir ein klares »Stopp« einfordern oder brauchen?
◆ Wie geht es mir mit dem Aussprechen von Wertschätzungen?
◆ Kann ich Wertschätzungen annehmen?
◆ Von wem würde ich gerne eine Wertschätzung bekommen?

Loslassen

In die Entspannung
vertrauend
lasse ich los

es möge
wirken

das Unbewusste
das in mich
Hineingeliebte

das »ES« –

göttliche
unfassbare
verändernde
Kraft

Losgelassen
möge mich
der zündende Funke
erfassen

und mein Lebensfeuer
erneut
entfachen

Die Vögel der anderen

Wie treffsicher erkennen wir doch den Vogel der anderen, und wie schwer fällt es uns, den eigenen Vogel zu erkennen oder gar zu akzeptieren! Üblicherweise sind die Vögel, die wir bei anderen erkennen, oft sehr mit unserer eigenen Vogelspezies verwandt.

Obwohl ich nie in meinem Leben Hunger gelitten habe, es in meiner Kindheit immer ausreichend zu essen gab, bin ich oft selbst überrascht, wie mich die Gier erwischt, wenn ich ein besonders gutes Essen am Nachbartisch entdecke. Oder ich ertappe mich in meiner eigenen Gier, wenn ich sehe, dass jemand das größere Stück Fleisch oder Kuchen nimmt. Mich ärgern gierige Menschen. Sie lösen sofort Rivalität aus. Dann denke ich mir, vielleicht ist das so, weil ich als neuntes von zehn Kindern manchmal den Stress gehabt habe, bei der Essensverteilung zu kurz zu kommen, oder ich erinnere mich an den Speisesaal in der Klosterschule … Von irgendwoher muss die Gier ja kommen. Oder ist es die Tatsache, dass mein Vater im Krieg zweimal fast verhungert wäre? Da gibt es auch aus der Genforschung einige Erklärungen dafür, wie wir ungewollt einiges von den Eltern oder Generationen vor uns übernehmen. Die gute Nachricht aus der epigenetischen Forschung ist, dass wir nicht nur ungewollt den einen oder anderen Vogel übernehmen, sondern dass wir, wenn wir es uns bewusst machen, diese Vögel auch wieder fliegen lassen können. Die epigenetische Programmierung können wir in unserer Lebenszeit verändern, zu unserer Heilung und zum Schutz unserer Kinder.

Jedenfalls erkenne ich gierige Menschen sofort. Was uns

an den anderen stört und wirklich aufregt, hat sehr viel mit uns selbst und unserem eigenen Vogel zu tun. Und was wir am anderen zutiefst bewundern und wertschätzen, hat viel mit uns und unseren tiefsten Sehnsüchten zu tun.

Darin steckt Potenzial für ganz persönliche Flugversuche. Vielleicht braucht es dann genau diese Menschen, die wir bewundern, und auch jene, die uns aufregen, um den eigenen Vogel zu erkennen und zu benennen. Wir entstehen in Beziehung, wir werden verletzt in Beziehungen, wir lernen in Beziehungen, wir wachsen und heilen in Beziehungen und wir können auch gemeinsam fliegen.

»Meine Tochter Anna«, sagt Michael völlig verzweifelt, als er zu mir in die Praxis kommt, »weigert sich, zur Schule zu gehen. Sie sagt einfach, sie will nicht. In ihrem Alter, mit sechzehn Jahren, musste ich neben der Schule auch noch am Hof mithelfen. Beides zu hinterfragen, hätte mir damals höchstens ein paar Ohrfeigen eingebracht. Ich selbst habe mein ganzes Leben lang nur gearbeitet und funktioniert, und jetzt erklärt mir meine eigene Tochter, sie will es anders machen, sie weiß zwar noch nicht wie, aber jedenfalls will sie nicht so leben wie ihre Eltern. Dabei haben wir unseren Kindern doch alles ermöglicht – Haus und Garten, schöne Urlaube! Und dafür haben wir auch so viel gearbeitet!« Tatsächlich ist Michael ein erfolgreicher Unternehmer, gemeinsam mit seiner Frau hat er einen großen Betrieb aufgebaut. Er ist politisch engagiert und wegen all seiner Ämter und Funktionen ist er sechzig bis siebzig Stunden pro Woche arbeitend fort von zuhause. »Ich werde enorm ärgerlich, wenn Anna erst zu Mittag aufsteht und mir dann spätabends, wenn ich müde von der Arbeit komme, teilnahmsvoll erklärt, ich möge doch weniger arbeiten. Sie macht lange Wanderungen, malt Bilder, schreibt Gedichte, aber davon kann sie ja niemals leben! Sie muss doch etwas lernen und arbeiten«, jammert der irritierte Vater und fragt mich verzweifelt nach Akupunkturnadeln oder Medikamenten für seine Tochter. Ich vermute, dass Anna als mittleres der drei Kinder in der Familie eine ganz bestimmte Aufgabe hat und etwas aufzeigen will, und lade zuerst einmal die Eltern zu einem Gespräch ein. In der anschließenden Untersuchung des Vaters stelle ich erhöhten Blutdruck, Nikotinmissbrauch, Alkoholabhängigkeit sowie erhöhte Blutfette und Übergewicht fest. Ursprünglich war Michael aus Sorge und Ärger über seine schulverweigernde Tochter zu mir gekommen. »Entweder habe ich einen Vogel oder sie«, sagt der besorgte Vater, »so kann es jedenfalls nicht weitergehen!«

»Vielleicht will Ihre Tochter mit ihren sechzehn Jahren genau darauf aufmerksam machen, dass es so nicht weitergehen kann«, sage ich zu Michael, »und meint dabei ihren Vater. So wie Sie leben, völlig erschöpft, mit Schlafdefizit, suchtkrank und mit Bluthochdruck, haben Sie ganz schön viele Risikofaktoren, und es kann sein, dass Ihre Tochter spürt, wie gefährdet Sie sind. Vielleicht spürt Ihre Tochter Anna, dass die Beziehung ihrer Eltern schon lange keine innige mehr ist, sieht, wie wenig sie miteinander reden, weil beide wenig zuhause sind. Anna reagiert sehr sensibel darauf, was und wie ihre Eltern Beziehung leben. Niemand«, so erkläre ich Michael, »fühlt die Spannungen der Eltern so unmittelbar wie die eigenen Kinder. Und es sind unsere Kinder, die die Vögel von uns Eltern ganz genau kennen und erkennen, wachsen sie doch in der familiären Voliere auf und sind täglich mit den Vögeln konfrontiert. Verständlich also, dass Ihre sechzehnjährige Tochter nicht kritiklos alle Vögel von Ihnen übernehmen möchte.«

An dieser Stelle wird Michael selbst traurig und erzählt mir berührt, dass sein Vater, der sein Leben lang nur gearbeitet hat, immer schon Konflikten ausgewichen ist – meist ins Wirtshaus, und am Schluss habe er nur mehr alleine zuhause getrunken. Er habe als Sohn immer Angst gehabt vor seinem Vater, der unter Alkohol meist aggressiv, wütend und sehr verletzend gegenüber der Familie war.

»Michael«, sage ich, »ich erlebe Sie als einen besorgten und liebevollen Vater und so guten und bemühten Menschen, der für seine Familie nur das Beste will, und wenn Sie von Ihren Kindern, speziell von Ihrer Tochter Anna, sprechen, dann spüre ich viel Verbindung von Ihnen zu ihr. Wer war denn für Sie in Ihrer Kindheit die wichtigste Bezugsperson? Wer war Ihnen am nächsten? Von wem haben Sie sich am besten verstanden gefühlt?«

»Meine Eltern«, erzählt Michael unter Tränen, »haben hauptsächlich gearbeitet, um uns vier Kindern etwas zu ermöglichen. Ihr sollt es einmal besser haben – das habe ich oft von ihnen gehört. Es war ja nicht viel da in der Nachkriegszeit. Aber da war noch die Tante Anni, nach ihr haben wir unsere Tochter getauft, die habe ich sehr geliebt, und zu der konnte ich immer kommen.«

»Und was würde diese Tante Anni diesem so erfolgreichen erwachsenen Michael heute sagen, der jetzt da sitzt voller Sorgen um seine sechzehnjährige Tochter?«

»Sie würde sagen: Michael, du hast schon so viel geleistet, dir ist vieles gelungen. Du bist ein erfolgreicher Mann, aber pass besser auf dich auf, du arbeitest zu viel. Hol dir Hilfe, damit du wieder gesund wirst, nimm dir mehr Freiräume für dich, deine Frau und deine Familie. Sie würde sagen: Sorge für dich und vertraue deiner Tochter. Du kannst ihr dankbar sein, dass sie dich auf ihre Weise und so liebevoll auf deinen eigenen Vogel, den Funktions- und Selbstausbeutungs-Vogel, hingewiesen hat.«

Während Michael so seine Lieblingstante sprechen lässt, schüttelt es seinen Körper. Gerne gebe ich dem im Grunde so starken und voll im Leben stehenden Mann die notwendigen Taschentücher und staune immer wieder neu, wie heilsam es für uns »echte Männer« sein kann, wenn der Körper einmal durchgebeutelt wird und die Tränen fließen können. Während des Gesprächs verändern sich seine Gesichtszüge und das Gesicht wird weicher. Sein ganzes Beziehungspotenzial und seine Herzlichkeit werden spürbar. Eine Herzlichkeit, die er vermutlich seiner Tante und der Begegnung mit ihr in seiner Kindheit verdankt.

60

Seine Tochter Anna hat ihn unbewusst zur Selbstfürsorge hingeführt, und wenn er das glaubhaft lebt und tut, wenn es ihm wieder gelingt, Verbindung zu sich und echte Verbundenheit zu seiner Frau herzustellen, wird Anna, so versichere ich ihm, auch ihren Weg weitergehen und entwickeln.

Ich staune oft, was Kinder unbewusst auf sich nehmen, um uns Eltern unsere Schräglagen »aufzuzeigen«, auf unsere viel zu fest gehaltenen Vögel hinzuweisen. Von Verhaltensauffälligkeiten bis hin zu schweren Suchtkrankheiten, Computersucht, Drogensucht, Magersucht, chronischen Schmerzsyndromen, Selbstverletzungen, Depression und vieles mehr! Schulverweigerung ist da oft nur ein erster Hinweis, ein Hilfesignal jener, die Schräglagen im Familiensystem als erste wahrnehmen, das sind meist jene Kinder, die am sensibelsten oder besonders emotional mit einem Elternteil verbunden oder identifiziert sind.

Anna hat viele Jahre lang immer wieder versucht, Beziehung zu ihrem Vater aufzunehmen. Irgendwann hat sie es aufgegeben, um den abwesenden Vater zu werben. Als nächsten Schritt musste sie sich abwenden von ihm. Das Mittel zur Abwendung von ihrem funktionsgetriebenen Vater war Leistungsverweigerung. Nur damit konnte sie ihn so treffen, dass er in seinem blinden Funktionieren und seiner Sucht reagieren konnte. Auch seiner Frau war es nicht gelungen, ihren Mann in seinem Suchtverhalten zu stoppen. Erst die Symptomatik der Tochter mit Schulverweigerung und Rückzug aus ihrem sozialen Umfeld hat den Vater bewogen, seine eigene Lebensgestaltung kritisch zu hinterfragen.

Michael hat die Zeichen seiner Tochter verstanden und begonnen, an sich selbst zu arbeiten und für sich zu sorgen. Es war ein langer Weg, und es sind ihm neue Flugversuche für sich und mit seiner Frau gelungen. Er konnte seine Arbeitszeit reduzieren, auch seine Risikofaktoren, und vor allem konnte er sich in professioneller Begleitung seinen Abhängigkeiten und seiner Suchterkrankung stellen. Das Ganze führte zu einer spürbaren Entlastung im Familiensystem, und Anna konnte nach einer halbjährigen Unterbrechung ihre Schulausbildung fortsetzen. Indem er sich mit seinen Verletzungen und seiner Familiengeschichte auseinandersetzte, konnte Michael vieles heilen, für sich, aber auch für seine Partnerschaft und seine Kinder.

Wenn mich der Vogel eines Arbeitskollegen oder eines Politikers oder einer anderen fernen Person ärgert, dann kann ich damit noch leichter umgehen, aber auch da geht es darum, hinzuspüren: Was hat mein Ärgernis an dieser Person mit mir zu tun? Welche eigenen Anteile, welche eigenen Vögel werden da berührt und irritiert? Je näher uns die Menschen sind – Eltern, Geschwister, eigene Kinder, LebensgefährtIn usw. –, umso stärker ist die Reaktion, umso verletzlicher sind wir, umso größer werden der Ärger und die Wut. Und wo Ärger und Wut sind, ist auch die Traurigkeit nahe, die Traurigkeit über vieles, das ich leben will und nicht leben kann.

Unsere Sehnsucht zu »fliegen« ist wohl auch die Sehnsucht, Ungelebtes lebbar zu machen. Jene, die uns dazu immer wieder hinführen, sind Menschen, die uns nahestehen. Manchmal ist das ärgerlich, stößt auf Widerstand, aber wenn wir uns auf Flugversuche einlassen, können wir so manche Traurigkeit überwinden, manches Familientabu aufgeben, es kann Heilung gelingen und es können Verletzungen gelöst werden, die über Generationen weitergegeben wurden.

Sanftes
ist stark

über die Sanftheit
wieder
zur Stärke kommen

wasserweich
den Stein
aushöhlen
formen

in der
Weichheit
löst sich
die Stärke auf

und Leben
entsteht

Der Angst-Vogel

Er ist zuerst unscheinbar, kann sich aber in kürzester Zeit mächtig aufplustern, dann ist er sehr präsent. Oft glauben wir, ihn längst los zu sein, und dann, in den unpassendsten Momenten, im Kino, im Aufzug, bei einer öffentlichen Versammlung oder ganz leise mitten in der Nacht, schwebt er daher, plustert sich auf und sagt: Da bin ich, der Angst-Vogel. Und wenn du mich auch nicht sehen kannst, dann spürst du mich, oder zumindest hast du Angst vor mir, Angst vor der Angst.

Menschen, die von diesem Vogel gefordert sind, beschreiben sich meist als sehr ordentlich, verlässlich, genau, in der Schule waren sie fleißig, immer gut vorbereitet, und hatten natürlich super Noten. Die Ordnung kann bei Menschen, bei denen der Angst-Vogel sich wohlfühlt, bis zur Perfektion gehen. Und vieles wird sehr zwanghaft kontrolliert. Der Angst- und der Zwangs-Vogel dürften genetisch verwandt sein, sie passen gut zusammen. Wenn dann der Körper eines Menschen Symptome produziert wie Herzklopfen oder Engegefühl, Verdauungsprobleme oder Kurzatmigkeit und die Symptome nicht kontrollierbar sind, nicht gleich mit Medikamenten auszulöschen sind, dann sind das geradezu ideale Nestbedingungen für den Angst-Vogel, hier fühlt er sich wohl. Jetzt werden Ärzte und Therapeuten aufgesucht, es wird bei Wikipedia über Herzklopfen und Schilddrüsenerkrankungen, über Autoimmunkrankheiten und Nahrungsmittelunverträglichkeiten nachgelesen, und genau in diesem Umfeld wächst der Angst-Vogel weiter. Das kann so weit gehen, dass sich ein zweiter oder dritter Vogel dazugesellt, der schon zitierte Zwangs-Vogel, und wenn die Flugversuche noch immer nicht gelingen, dann kommt meist noch der Depressions-Vogel dazu, mit großen, schweren Schwingen umkreist er den Menschen und schreit ständig: Da kommst du nie wieder raus, du Looser. Aus dir wird nichts mehr, du Angst-Vogel-Träger!

Von solch idealen Brutbedingungen für Angst-Vögel lebt mittlerweile ein ganzes System, Ärzte, Therapeuten, Reha-Kliniken, Versicherungen, Pharmaindustrie – ein steil wachsender Geschäftsbereich, genährt vom Leidensdruck der Menschen, die den Angst-Vogel ständig mit sich herumtragen.

Fragen zu möglichen Flugversuchen

◆ Darf ich mir erlauben, Hilfe zu holen, oder muss ich alles alleine lösen?
◆ Ist es möglich, meinen Körper auch angenehm wahrzunehmen, oder braucht er ständige Symptomfixierung?
◆ Darf ich mir erlauben, ein hilfreiches Medikament zu nehmen, das mich erst in die Lage bringt, meinem Angst-Vogel erste Flugversuche zu ermöglichen? Oder muss ich alles zwingend naturheilkundlich (Angst vor der Pharmaindustrie!) und alleine schaffen?
◆ Darf ich anderen vertrauen und mich führen lassen?
◆ Was will mir mein Körper mit diesen Symptomen, mit meinen Ängsten und Panikattacken sagen?
◆ Gibt es in meiner aktuellen Lebenssituation Themen, Kränkungen, Beziehungsgeschehen, die mich belasten, die mir nicht passen, die mein Leben längst unrund machen?
◆ Gibt es Verluste oder Trennungen, von denen ich mich nie wirklich verabschiedet habe, Menschen, die mir noch sehr wichtig und plötzlich verschwunden sind?
◆ Wann ist der Angst-Vogel das erste Mal bei mir gelandet? Und was war in der Zeit davor los mit mir?
◆ Wie hat mein Leben ausgesehen, bevor der Angst-Vogel bei mir gelandet ist?

- Wie würde mein Umfeld – Kinder, Partner, Partnerin, Freunde – reagieren, wenn der Angst- oder Zwangs-Vogel sich von mir wegfliegend immer öfter in die Luft erheben könnte?
- Gibt es einen Menschen, der mir zuhört, mich versteht, sich einfühlen kann, wie es mir geht, wenn der Vogel bei mir landet?
- Welche Rahmenbedingungen gilt es in meiner Lebensgestaltung so zu verändern, dass die Landebedingungen für den Angst-Vogel suboptimal werden?
- Wer sind die Menschen in meinem Umfeld, die den Angst-Vogel bei mir anlocken, und wer sind jene Menschen, mit denen ich mich umgeben kann, die dem Angst-Vogel einfach nur unsympathisch sind?
- Wenn ich die Augen schließe, tief und entspannt ausatme und mir vorstelle, wie der Angst-Vogel von meiner linken Schulter abhebt, um gemütlich fortzuschweben, wie fühlt sich das in meinem Körper an?
- Wenn ich den »Let-it-be-Vogel« einlade, was wird mein Angst-Vogel dazu sagen?
- Was wird in meinem Leben möglich sein, wenn der Angst-Vogel endlich fliegt?

Ängste

Unsicherheit
wache Nächte
Wie geht's weiter?
Anders?
Gar nicht?
Patient sein

patiens – leidend

menschlich
ängstlich
verletzt

sehr geliebt
das ist gewiss!

Im
Zwischen Uns

ein Raum
ein heiliger

liebende Nähe
vertrauende Distanz

Raum gebende
Verbundenheit

ein heilsamer
Zwischenraum

Halt gebend und
losgelassen

erschaffen
erlieben wir
Lebensraum

Angst und Flugversuche

Angst und Aktivität	Friede und Gelassenheit
Angst und Unruhe	Vertrauen und Ruhe
Angst und Getriebenheit	Halt und Geborgenheit
Angst und Geltung	Lassen und Sein
Angst und Einsamkeit	Verstehen und Gemeinschaft
Angst und Redefluss	Stille und Zuhören
Angst und Besitz	Bescheidenheit und Reduktion

Langsam
schrittweise
vertrauend
trau ich mich

Wer vorverurteilt, beschränkt sich selbst

Es war auf einem Rückflug von Tansania. Ich hatte einige Tage im Süden des Landes verbracht, wo wir in einer der ärmsten Regionen Afrikas seit Jahren ein Schulprojekt begleiten. Für mich ungewohnt, erfolgte der Rückflug über Dubai, wo ein neunstündiger Aufenthalt unvermeidlich war. Schon 45 Minuten vor der Landung in Dubai wurde das normale Unterhaltungsprogramm beendet und alle Passagiere wurden auf Dubai und dessen Errungenschaften vorbereitet. Vom Skifahren im klimatisierten Wüstentempel über endlose Wasserspiele, Jeep-Fahrten durch die Wüste bis hin zu den großen Einkaufszentren, alles wurde in einer perfekten Videoanimation beworben. Damit alle Passagiere und potenziellen Besucher einen wirklich unauslöschlichen Eindruck von Dubai erhielten, wurde das Video gleich in einer Endlosschleife abgespielt.

Genauso wie das hochmoderne Flugzeug beeindruckten dann nach der Landung die größten und teuersten Airbus-Modelle von Emirates, die auf dem überdimensionalen Flugplatz-Areal fein säuberlich aufgestellt waren. Alles an diesem Flugplatz nahm ich als XXX-Large wahr, unendlich große und hohe Hallen protzten mit Wasserspielen, die Taxifahrer fuhren Porsche und die besten Audi-Modelle.

Ein Großraum-Bus transportierte mich in ein prunkvoll glitzerndes Hotel, im Hotelzimmer – versperrte Fenster, viel zu kalte Aircondition – wickelte ich mich angezogen in alle greifbaren Decken, weil ich die ferngesteuerte Klimaanlage nicht deaktivieren konnte. Nach ein paar Stunden und einem eher sterilen Frühstück in einem endlos großen Speisesaal ging es dann etliche Kilometer zurück zum Terminal. Mit jeder Stunde mehr, die ich auf diesem Cyber-Flugplatz verbringen musste, fühlte ich mich unbehaglicher und einsamer. Da war so viel Protz und so viel Plastik! Trotz Tausender Menschen wirkte in dieser Architektur nichts wirklich lebendig auf mich. Um mich zu schützen, steckte ich meine Kopfhörer an, hörte meine Lieblingschoräle und durchwanderte meditativ mit halb geschlossenen Augen die flimmernden Konsumhallen.

Solcherart an Hunderten Geschäften vorbeigehend, erfasste mich in meiner Einsamkeit unter den vielen Menschen eine große Sehnsucht nach Begegnung. In dieser Situation habe ich mich längst selbst nicht mehr wohlgefühlt, auch hatte ich mir meine Einsamkeit selbst geschaffen, in mir und um mich wurde es immer enger. Und genau in diesem Moment, in dem ich mir innig eine Begegnung vorstelle, höre ich jemanden laut meinen Vornamen rufen, drehe mich um, und Zissa, die Tochter eines lieben Freundes, die ich aus vielen Urlaubsbegegnungen gut kenne, läuft auf mich zu und drückt mich fest, und meine Arme machen aus dem festen Drücken ein noch innigeres und längeres Drücken. Ich lasse sie ganz einfach nicht mehr los und bin berührt, dass mir in Dubai so eine lebendige Begegnung geschenkt wird.

Mit dieser Umarmung änderte sich schlagartig die ganze Tristesse des Dubai-Airports. Zissa war meine Starthilfe aus dem Vogel des Vorurteils, der Bewertung, der mich letztlich verkrampft und einsam gemacht hatte.

Hatte ich zuvor, aus einem der ärmsten Länder in eines der reichsten Länder dieser Erde kommend, voller Vorurteile alles abgewertet und abgewehrt, alle meine antikapitalistischen Vorurteile bestätigt gesehen, mich »entsetzt« zurückgezogen und mich selbst »leblos« gestellt, so konnte ich, belebt durch Zissas Umarmung, den Dubai-Airport mit anderen Augen sehen, ihn anders wahrnehmen, ihm vorurteilsfrei begegnen, mir ein Bild machen, aus der pauschalen Bewertung »rausgehen« und auf diese Weise die Menschen genauso wahrnehmen, wie ich das in Daressalam oder in Österreich immer tue.

Da gibt es wohl bei mir ein »inneres Dubai«, das mich triggert, das sehr schnell den Wertungs- und Urteils-Vogel aktiviert und mich vorschnell von Protz- und Scheinwelt reden lässt. Und ich staune über mich selbst, weil ich mich als offenen Menschen sehe, der neugierig ist und gerne Neues sehen und kennenlernen will.

Auch wenn Dubai nicht meine Traum-Urlaubsdestination ist, so kann ich es jetzt doch besser annehmen, dass Menschen dort gerne hinreisen und auch gerne dort leben.

Was zählt, ist das vorurteilsfreie Zulassen und Zuhören, um aus der eigenen Lebendigkeit und Sehnsucht heraus Beziehungsräume zu schaffen – Begegnungsräume, in denen sich viel bewegen und entwickeln kann, auf dem Dubai-Airport genauso wie in Südtansania oder Wien.

Was sind Welten oder Atmosphären, die mich »triggern«, mich in einen alten Wertungskodex verfallen lassen, die mich letztlich einsam machen und Energien kosten oder binden?

◆ ein Autofahrer, der einen Fehler macht
◆ von einem Polizisten korrigiert werden
◆ Elternsprechtag
◆ all diese Donald Trumps
◆ Islamismus
◆ Steuersystem
◆ Integrationsdiskussion
◆ Bildungssystem
◆ Datenschutzverordnungen

Welches sind die Themen, die mich sofort emotionalisieren und mich allzu schnell in ein Schwarz-Weiß-Denken abgleiten lassen? Mein Flugversuch kann sein, aus dem reaktiven Ablehnen und der Abwertung rauszugehen, denn durch die Bewertung ist die Wahrnehmung eingeschränkt. Erst wenn es mir gelingt, Menschen offen zu begegnen, staunend, wertschätzend und neugierig, erst in dieser Grundhaltung wird Entwicklung und damit auch Heilung möglich, und das gilt für jeden Ort auf dieser Erde.

Danke, Zissa, für die herzliche und offene Begegnung mit dir am Dubai-Airport, für dein Lachen, das mich wieder lebendig gemacht hat in einer mir so fremden Welt.

Körperlich
begrenzt

beginne ich

das Weite
in mir
zu entdecken

mache Türen auf

die nach innen führen
in das Land

von
    Demut
    Dankbarkeit
und
    Hingabe

Der Vogel der Enge und des Perfektionismus

Der Vogel der Enge kann sehr bestimmend und fest auf den Schultern sitzen und ist voll zufrieden, wenn die Tage immer nach gleichem Muster ablaufen. Abwechslungen, Überraschungen und Abenteuer liebt dieser Vogel überhaupt nicht. Ein Mensch, der vom Vogel der Enge gelenkt wird, hat alles unter Kontrolle, er vermeidet jeden Fehler, geht kein Risiko ein und tut sich somit schwer, Beziehung zu leben. Der Preis ist häufig Einsamkeit. Menschen mit dem Vogel der Enge leben eher im Schatten, können nicht so leicht aufblühen, zu sehr sind sie in Details verstrickt, manchmal bis hin zur sterilen Perfektion, sie sind eher emotionslos, häufig fehlt ihnen der Blick fürs Ganze.

»Ich liebe dich für deine Genauigkeit und dein Durchhaltevermögen. Du darfst erst spielen, wenn du die Aufgabe inklusive Verbesserung erledigt hast, und das ohne Ausnahme! Da gibt es nichts zu rütteln!« So sprechen Eltern, auf deren Schultern der Vogel der Enge sitzt. Der Vogel der Enge kann in seiner Strenge manchmal brutal, sehr verletzend, jedenfalls auch für alle, die mit ihm leben, einengend werden. Im Familienkontext waren vor allem in der Nachkriegsgeneration Leistung und Funktionieren notwendig. Sehnsüchte, Glücksmomente, Lust, Enthusiasmus, Spaß, Humor, Freude, Erotik, aus dem System aussteigen, Risiko eingehen, Eigenes, Neues gestalten, neue Wege gehen, Mut, Kraft und Energie für notwendige Konflikte hat es eher nicht gegeben, auch wenig Raum für lachen und weinen. Dafür gab es Abende vor dem Fernseher, einen kleinen und hübsch geschmückten Weihnachtsbaum und kleine, meist praktische und nützliche Geschenke, die kann man doch immer brauchen, oder etwa nicht?

Sicherheit hat für den Vogel der Enge einen großen Wert. Deshalb sitzt er ja so fest auf der Schulter und peckt seinen Besitzer, sobald dieser eine übermütige Bewegung macht.

In seiner Funktion, vor allem im Beruf, ist er korrekt, aber mäßig empathisch. Er spürt auch nicht, was er anrichten kann, wenn die Enge sein Handeln dominiert und prägt: Es ist eben zwölf Uhr und da schließt der Schalter, auch wenn noch jemand davorsteht. Der Bescheid geht jetzt raus, ohne Ausnahme, denn Ordnung muss sein. Den Nachbarn muss er ja anzeigen, wenn er am Sonntag Rasen mäht oder ein Feuer macht. Es gibt für den Vogel der Enge keine Ausnahmen.

Durch hohe fachliche Kompetenz und auch durch ihre Gewissenhaftigkeit kommen Menschen mit dem Vogel der Enge oft in hohe Positionen, bleiben dann aber häufig in der zweiten Ebene und sind perfekte Unterstützer für Menschen, die vom Macht-Vogel gesteuert werden.

Flugversuch: Fragen für Menschen, die vom Vogel der Enge belagert sind

◆ Wann habe ich zuletzt gelacht, dass die Tränen spritzten?

◆ Was rührt mich zu Tränen?

◆ Wer sind die Menschen, deren Nähe mir guttut, weil sie so lebendig sind?

◆ Wann habe ich mir zuletzt eine Abwechslung, ein Abenteuer erlaubt?

◆ Wodurch zeigt mir mein Körper, dass der Vogel der Enge zu groß geworden ist?

◆ Wann war ich zuletzt verliebt und was war das Besondere an diesem Menschen, der mein Herz berührt hat?

◆ Was kann ich tun, damit der Genuss-Vogel, der Vogel der Freude und der Lust bei mir landen können, welche neuen Nestbedingungen braucht es da?

◆ Was bringt mich aus der Fassung und was bringt mich zum Staunen?

◆ Wie reagiert mein Körper, wenn ich Freude oder Lust erlebe?

◆ Was wäre meine erste Aktion, wenn mich der Vogel der Enge verlassen würde?

◆ Welche Fähigkeiten verdanke ich dem Vogel der Enge und der Perfektion?

◆ Was sind meine Träume und Visionen für mein künftiges Leben?

◆ Wer ist ein echtes Vorbild für mich?

◆ Wie sieht ein Mensch aus, der die ideale Ergänzung zu mir wäre?

Flugversuch im Zwischenraum

Diesen Tag beginne ich
Vertrauend in mich
Und meinen Körper

Vertrauend in dich
Und unseren Zwischenraum
Den wir   gestalten
beleben
belieben

Und Raum erlieben
Für die Lieben um uns

Frieden

Den Vogel
des Misstrauens
des Getriebenen
der immer um mich kreist

endlich fliegen lassen

Vertrauen und
Gelassenheit
Mögen landen

Und Frieden schaffen
In Hirn und Herz

Einladung zum Überflug

Nun möchte ich Sie zu einer spannenden Flugreise einladen, zu einem Flug über Ihr bisher gelebtes Leben.

Vielleicht ist es gut, wenn Sie sich für das Lesen dieses Textes Zeit nehmen, einen Raum aufsuchen, in dem Sie ungestört sind, und sich für die einzelnen Stationen Ihres Lebens, die es zu überfliegen gilt, immer wieder auch Zeit nehmen, um dort hinspüren und besondere Momente aus Ihrer Lebensgeschichte nachvollziehen zu können. Wählen Sie für diesen Überflug durch Ihre Lebensgeschichte einen Vogel, der Ihnen sympathisch ist und durchaus Qualität für sichere Langstreckenflüge hat, etwa den Kranich, den Storch oder die Wildgans, aber auch den Geduld-Vogel oder den Wander-Vogel.

Aus der sicheren Vogelperspektive können Sie die schönen Begebenheiten, aber auch so manche Verletzung, mit dem nötigen Abstand betrachten.

Zuerst geht es also zu Ihrem Geburtsort und damit in die Zeit Ihrer Herkunftsfamilie: Vater, Mutter und Geschwister. Sie fliegen dorthin, kreisen über der Wohnung, dem Haus, in dem Sie vor vielen Jahren Ihr erstes Nest vorgefunden haben. Sie schauen neugierig in die Welt Ihrer Kindheit – Gehschule, Fläschchen, Gitterbett. Sie spüren die Atmosphäre in Ihrer Familie, Ihre ersten Beziehungen, die sehr prägend sind für Ihre spätere Flugtauglichkeit, Sie versuchen die Atmosphäre zu erspüren, das Liebevolle, Nährende, das Feine, aber auch so manche Irritation oder Verletzung aus der eigenen Kindheit. Vielleicht erinnern Sie spezielle Begebenheiten mit Mutter oder Vater, mit Ihren Geschwistern? Aus der sicheren

80

Vogelperspektive können Sie vieles wahrnehmen und auch so sein lassen, wie es war, ein Teil Ihrer persönlichen Geschichte, wesentlich und prägend, der Start, aber doch nur ein Teil Ihrer Geschichte.

Dann ein Blick in den Kindergarten, zu den ersten sozialen Kontakten, wie wurden Sie da gesehen, erlebt, von den anderen, wie begegneten sie Ihnen, die Menschen? Neugierig überfliegen Sie die Stationen Ihrer Kindheit mit der Leichtigkeit eines Vogels. Sie sehen und erleben schöne Bilder und Begegnungen noch einmal und haben die Gewissheit: Wenn etwas Bedrohliches auftaucht, dann können Sie jetzt abdrehen, weiterfliegen, wissend, dass die Summe alles Erlebten und Erfahrenen Sie selbst sind, aktuell in einem mutigen Rückblick.

Schule – Zeugnisse – Noten! Wie war sie mit Ihnen, Ihre Volksschullehrerin? Bilder tauchen auf, Ihr Teddybär, Ihr erstes Fahrrad und der Triumph der Balance auf den ersten Metern mit dem Rad, die mutigen Schritte von zuhause fort, die Sehnsucht, von Ihrem Vater gesehen, von Ihrer Mutter bewundert zu werden. Sie überfliegen Urlaubsorte, die Sie aus Ihrer Kindheit erinnern, »den Sprung vom Drei-Meter-Brett«, spezielle Erlebnisse mit den ersten Freunden, eine neue Schule. Sie sehen sich 14-jährig, pubertierend, neue, eigene Wege gehend, Ihren Körper, den Zauber der Sexualität. Und endlich erblicken Sie sich von oben in Ihrer ersten Verliebtheit und bald danach vielleicht wieder traurig, weil unglücklich verliebt.

Ich lade Sie ein, auf diesem Flug durch Ihr bisheriges Leben in Ihren Körper zu spüren und auch auf die Gefühle zu achten, die auftauchen, wenn Sie so mit der Leichtigkeit des »Überfliegers« Ihre Lebensstationen noch einmal abfliegen. Wo sind Sie beim Betrachten Ihrer Lebensgeschichte im neugierigen »Kreisen«, über welcher Lebensphase kommen Sie in ernstes Trudeln, und in welcher Phase können Sie entspannt darüber hinweggleiten oder sich souverän abwenden, weil Sie dort auch nicht mehr hinschauen wollen und es auch nicht mehr müssen?

Vielleicht entdecken Sie von da oben auch, in welcher Phase Ihres Lebens Sie erfolgreich Ereignisketten verlassen haben, um Neues zu entdecken, Neues in Ihrem Leben zuzulassen, sich mit viel Mut und Risiko in neue Bereiche gewagt haben.

Haben Sie bisher Ihre wesentlichen Flugversuche aus einer Krise heraus alleine oder mit Flugbegleitung gemacht? Vielleicht fliegen Sie jetzt zu jenem Ort, wo Sie erstmals gelebt haben, nachdem Sie von zuhause ausgezogen sind, oder Sie überblicken bereits Ihr jetziges Zuhause und sehen sich und Ihre wichtigsten Lebensbegleiter da unten, auf dem Weg in die Arbeit, zuhause feiernd und liebend, trauernd, lachend und tanzend?

Wie sieht Ihre Flugbahn aus, wenn Sie Ihr aktuelles Lebens-Zuhause überfliegen – Kinder, Kindeskinder, Abschiede, neue Menschen? Wie fühlt sich gerade jetzt Ihr Körper an, wenn Sie so genau hinschauen und hinspüren in Ihre aktuelle Lebensgestaltung, ist da ein Impuls, eher durchzustarten, oder eine Sehnsucht, zu landen? Ist da ein Gefühl von Zufriedenheit, von Landen und Ernten-Wollen, oder ist es Unruhe, die Sie weitertreibt, oder schlichtweg Neugier?

Wenn Sie zu Klarheit kommen über Ihre aktuellen Gefühle, über Ihre Lebenssituation heute – jetzt –, dann lade ich Sie ein zu einer ultrasanften Landung im Hier und Jetzt!

Zum Abschluss dieses Überfluges durch die Stationen Ihres Lebens kann es gut sein, wenn Sie mit Ihren Händen Ihren Körper, der Sie bis heute durch dieses bunte Leben getragen hat, begreifen und erspüren, dass vielleicht sogar ein Gefühl von Dankbarkeit entsteht.

Herzhände

Ich geb meinem Herzen
noch Zeit

um meine Hände zu nutzen

berühren
halten
streicheln
verführen
Halt geben
und loslassen
anhalten
zärtlich da sein
schreiben
mich berühren
und meine
Mitmenschen verzaubern

Das alles können sie
meine Hände

Herzverbundenes
Hand-Geschenk

Denken und danken

Ich denke
bedenke
erdenke
denke vor
und
denke nach
und denke im Kreis

Ich danke
danke dir
und danke mir

danke der
Dankbarkeit

dankend
nehme ich
Dank an

undenkbar
dankbar

dankbar
denkend
tanke ich
Dankbarkeit

und verwurzle mich
in der
Wirklichkeit

Alle Vöglein sind schon da …

Amsel, Drossel, Fink und Star, und die ganze Vogelschar – wer kennt nicht dieses Kinderlied. Es geht um Frühling, um Aufbruch, um Neubeginn, um eine bunte Vogelschar.

So bunt und unterschiedlich wir Menschen sind, so vielzählig sind auch unsere Vögel. Sie machen uns und unsere Einzigartigkeit, auch unsere Eigenartigkeit aus, und diese gilt es zu würdigen.

Gestern wurde Vincent geboren. Was ich dem kleinen Vincent wünsche:

Er möge im Zwischenraum seiner Eltern, der idealerweise ein Liebesraum ist, sicher und gut aufwachsen.

Er möge seine eigene Art entwickeln und leben können und Menschen um sich wissen, die ihn genau so lieben, wie er ist.

Er möge in einem Nest reifen, das ihm Sicherheit gibt in der Form, wie seine Eltern einander liebend begegnen.

Er möge Menschen begegnen, die fähig und fein gestimmt sind, ihm liebevoll zu begegnen.

Er möge aus Freude und Neugier lernen und wachsen, staunend über so viel Schönes, das ihm jetzt schon geschenkt ist.

Er moge offen bleiben für Neues, für Überraschung und Buntes in seinem Leben.

Es möge ihm gelingen, immer wieder loszulassen, zu reflektieren, unstimmige Aufgaben aufzugeben, um für neue Flugversuche bereit zu sein.

Er möge offen bleiben, um sich auf Beziehungen einzulassen und in lebendigen Begegnungen immer wieder Heilendes und Gutes zu erfahren.

Er möge achtsam sein mit sich und allen Geschöpfen und immer wieder Schutzräume für sich finden und schaffen, und Begegnungen, die seine Flugträume ermöglichen.

Er möge ein buntes Leben leben können, einen Bogen spannen, der mit seiner Landung hier begonnen hat und eine lebendige und lebenswerte Spannung hält, bis sich der Bogen letztlich schließt und seine Lebensmelodie auf einer feinen Saite gut nachschwingen kann.

Er möge sein Leben als ein Fest ohne Ende erfahren.

Diese Segenswünsche für Vincent schreibend, bemerke ich, wie beschenkt manche von uns schon zur Welt kommen und wie wichtig die oben genannten Schutzräume sind, damit wir nicht verbogen werden von Institutionen, die uns Lebendigkeit nehmen, von Dogmen und Moralismen jeder Art, die das Leben so eng manchen und uns die bunte Vogelschar austreiben wollen.

Statt der bunten Voliere, die es zu öffnen gilt, um die Artenvielfalt zu steigern und Synergien zu nutzen, um die komplexen Herausforderungen des Lebens zu meistern, betreiben manche von uns eher Inzucht. Wir schließen angstvoll Grenzen und züchten in Klubs und immer enger werdenden Gesinnungsgemeinschaften Vorurteile und genau jene Vögel, die uns einsam machen und Flugversuche jeder Art verhindern.

Im Sinn gelingender Kooperation von Menschen, die in guter Resonanz miteinander sind, können Gesinnungsgemeinschaften etwas sehr Förderliches sein, wenn sie die Buntheit der verschiedenen Vögel schätzen und diese Buntheit zu einer kreativen Synergie führen können.

Doch Gesinnungsgemeinschaften können auch etwas ganz Enges und Gefährliches darstellen, wenn sie dogmatisch und eng einen bestimmten Vogel kultivieren und dieser Vogel in der Gesinnungsgemeinschaft noch inzuchtartig wachsen darf.

Je älter wir werden, umso weiser sollten wir auch differen-

86

zierend und offen auf Neues, vor allem auf junge Menschen, zugehen, denn sie haben noch viel echte Lebendigkeit in sich. Es gibt so viele »Vincent-Wesen« auf dieser Welt, die brauchen nicht unsere Dogmatismen, sie wollen Begegnung, und eben diese vorurteilsfreie Begegnung zwischen den Jungen und Alten unserer Gesellschaft birgt Potenzial für Heilung.

Wir älteren Menschen sollten uns weder in Inzucht-Klubs zusammenrotten, in denen wir einander gegenseitig in unseren Vorurteilen bestätigen, auch hilft es den »Vincents« nicht, wenn wir uns resigniert zurückziehen und zu passiven Versorgungsfällen werden. Beides wird der Weisheit des Alters nicht gerecht.

Wenn wir uns immer mit Gleichgesinnten verbrüdern, dann produzieren wir Ghettos der Einfalt, in denen Menschen einander bestärken, dass ihre Meinung die einzig richtige ist, was ja leicht möglich ist, weil sie ganz ähnliche Vögel gezüchtet haben – Ordnungs-Vögel, Macht-Vögel, rechte oder linke Vögel, Religions-Vögel –, und aus der Pseudosicherheit ihrer nicht sehr bunten Ghettos werden Vorurteile bestärkt bis hin zu handfesten Konflikten: Letztendlich herrscht dann Unverständnis, Verwirrung und fehlende Kooperation. In solchen Umgebungen wachsen Vögel umso schneller, solche Klubs sind einladend für unsichere und ängstliche Menschen, und die Vögel können gefährlich anwachsen bis hin zu Radikalisierung und Fanatismus.

Solche Rückzüge oder auch die beschriebene Resignation verhindern Resonanz und Wachstum. Das sind keine idealen Voraussetzungen für die Vincents dieser Welt.

Allen Vincents dieser Erde wünsche ich weise Alte, die ihre Klubs öffnen, ihre Eintrittsrituale hinterfragen, Dialogräume auftun, einander weit über die Grenzen zuhören und die Eigenart des anderen würdigen und wertschätzen.

Das könnte der Boden sein, auf dem die Vincent-Generation neu starten, neu gestalten kann, in dieser wunderbaren Welt. Dann tun sich Möglichkeiten auf für neue Flugversuche und ungeahnte Höhenflüge.

Vögel

Sie leben
bescheiden
in tiefstem Einklang
mit der Natur

sie   singen
        fliegen
        vögeln

sind vielfältig
        bunt
        laut und leise
        groß und klein

suchen beständig
ihren Lebensraum
beleben ihn
bescheiden
erfliegen ihn

sie kommen und gehen
singend
und
feiernd im Fluge

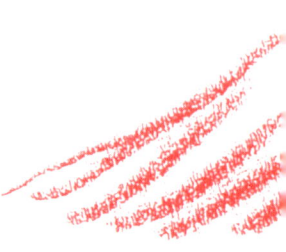

In Beziehung kann der Angst-Vogel fliegen

»Tell me and I will forget
Teach me and I will remember
Involve me and I will learn«
Benjamin Franklin zugeschrieben

In meiner Schule war – zumindest für mich – Lernen meistens mit Angst und Druck verbunden. Wie gut hat mir da ein Deutschprofessor getan, der uns Schutzräume eröffnet und mit uns Dialoge geführt hat, der als Begeisterter unterrichtet hat und mich so auch fürs Schreiben gewinnen konnte. Er war für mich eine Ausnahme im gesamten Lehrerkollegium. Die Stunden mit ihm waren eine willkommene Abwechslung, geradezu Höhenflüge nach Stunden, in denen Angst vor Bloßstellung und Druck mir jedes sinnvolle Lernen erschwert haben.

Ich erinnere mich an eine Stunde im Freifach Literaturgeschichte, wo er uns Sechzehnjährigen Rilke vorgestellt hat. Er konnte, was mich immer noch fasziniert, viele Gedichte auswendig, so auch Rilkes »Panther«.

Ich sehe meinen Lehrer vor mir, wie er dieses wunderbare Gedicht für uns rezitierte. Kaum beginnt er vorzutragen, spüre ich seine Berührung. Ich sehe, wie sein Kinn zittrig wird, wie er nach Luft ringt, und wie die Augen sich langsam mit Tränen füllen:

Sein Blick ist vom Vorübergehn der Stäbe
so müd geworden, daß er nichts mehr hält.

Mein von mir so verehrter Lehrer unterbricht, holt sein Taschentuch hervor, räuspert sich und wischt sich die Tränen ab.

> *Ihm ist, als ob es tausend Stäbe gäbe*
> *und hinter tausend Stäben keine Welt.*

> *Der weiche Gang geschmeidig starker Schritte,*
> *der sich im allerkleinsten Kreise dreht,*

Ich spüre, wie auch meine Mitschüler betroffen sind von den Emotionen unseres Lehrers. Angst, Wut, Geschrei, all das kennen wir gut in unserer sogenannten Eliteschule, aber was soll das, da steht unser Professor für Deutsch und weint?

> *ist wie ein Tanz von Kraft um eine Mitte,*
> *in der betäubt ein großer Wille steht.*

An dieser Stelle nehme ich wahr, wie mich die Tränen meines Lehrers selbst berühren und zugleich die Worte Rilkes bei mir landen können.

> *Nur manchmal schiebt der Vorhang der Pupille*
> *sich lautlos auf – Dann geht ein Bild hinein,*
> *geht durch der Glieder angespannte Stille –*
> *und hört im Herzen auf zu sein.*

Als er das Gedicht fertig vorgetragen hatte, war die Botschaft von Rilke gelandet und ich fühlte mich diesem Lehrer mit einem Mal sehr nahe.

Das Erlebnis ist über 40 Jahre her und ich weiß, dass mit dem letzten Satz aus dem Mund meines Lehrers, »… und hört im Herzen auf zu sein«, ich das Gedicht in mich aufgenommen hatte, ich kann es bis heute auswendig.

Wir waren in Resonanz, die Authentizität meines Lehrers hat mich mit ihm in Verbindung gebracht, hat mich verstehen lassen, was Rilke vermitteln wollte, der selbst ca. 27 Jahre jung war, als er diesen Text schrieb.

Wie viele Gedichte musste ich in meiner Schule lernen? Wir mussten ganze Seiten aus dem Lesebuch auswendig lernen, als Strafe für Vergessen oder Zuspätkommen. Ich habe das alles wieder vergessen, ich habe Gott sei Dank alles, was ich unter Druck lernen musste, großteils vergessen. Was ich in Resonanz lernen durfte, weiß ich heute noch, habe ich gut und gerne behalten.

Der »Panther« ist mir geblieben: Vielleicht weil mein Lehrer, den Text vortragend, sich gerade in einer pantherähnlichen Lebenssituation erlebt hat, vielleicht auch, weil ich mich an dieser Schule voll Druck und moralischer Enge selbst wie ein Panther gefühlt habe. Zumindest bei einigen Mitschülern konnte ich ein ähnliches Mitschwingen wahrnehmen. Vielleicht durften in dieser Literaturgeschichtsstunde mehrere Panthermenschen in Resonanz gehen?

Wir lernen in Beziehung, wir lernen und wachsen in Räumen und Atmosphären, wo echte Begegnung möglich ist. Flugversuche schaffen Räume, in denen Menschen voller Neugier und Freude lernen können, lustvolle Lernräume. Es können »Lernorte der Begegnung« entstehen, an denen freie Menschen ihr Sein entwickeln und leben können, resonanzfähig, um miteinander schwingend zu gestalten. Statt Konkurrenz darf Kooperation, statt Leistungsdrill dürfen kreatives Gestalten und Lernen möglich sein. Es gibt sie bereits, diese PädagogInnen, die BegleiterInnen einer neuen Generation von Kindern und Jugendlichen sein wollen, die solcherart Lernwillige sind.

In meinem Beruf begegne ich vielen Panthermenschen, die sich in ihrem Lebenszusammenhang wie gefangen fühlen, gefangen in ihren Erkrankungen, gefangen in gesellschaftlichen Sachzwängen, gefangen in ungeklärten Beziehungen. Der Panther, den Rilke vor über hundert Jahren im Tiergarten von Paris beobachtet hat, ist wohl den Weg eines Panthers im Käfig bis zum Ende gegangen.

Flugversuche wollen Mut machen, wollen uns die Möglichkeit geben, uns als Panthermenschen immer wieder entscheiden zu können, dem Leben auch die nötige Wende zu geben. Je nach Hintergrund und Geschichte gelingt dies manchen leichter, manchen schwerer, aber wir tragen das Potenzial jedenfalls in unseren eigenen Händen und Herzen, in uns selbst, um den Käfig zu öffnen oder den nächsten Takeoff vorzubereiten.

Manchmal braucht es vielleicht die Größe, zu sagen: »Komm und hilf mir bitte!«, oder: »Willst du mein Starthelfer, mein Flugbegleiter sein?« Manchmal braucht es Hilfe von außen, jemanden, der die Tür zum Pantherkäfig vorsichtig öffnet, um mich aus meiner Enge herauszuführen, und manchmal braucht es auch Vorbilder, mit denen ich in Resonanz gehen kann, die mir wertvolle Impulse geben, mich in meinem Sosein bestärken.

Die radikalste Form von Liebe ist Selbstliebe, die – was für ein Flugversuch! – es zu leben, neu zu definieren, zu entdecken gilt. Mit einer Vielzahl von Zeichen, manchmal auch unangenehmen wie Erkrankungen, Krisen oder Abschieden, will uns das Leben immer wieder hinführen zu dieser Selbstliebe, dazu, dass wir aus dem Müssen und Sollen zum Dürfen und Wollen kommen.

> *Es gut sein lassen,*
> *staunend da sein,*
> *uns selbst begegnen*
> *und*
> *in Begegnungen immer wieder heilen.*

Und es ist gut

Da ist
viel Schönes
und es ist gut

ein leiser Wind
und deine Hand
und es ist gut

Liebende
um mich
und es ist gut

da ist auch
meine Traurigkeit
tief drinnen
schwer zu fassen
ist's Abschiedlichkeit?
und es ist gut

das Schöne
der Wind
deine Hand
liebende Menschen

es ist gut
der Traurigkeit
Raum geben
zu dürfen

Bitte

Versucht mich
zu sehen
als den
der ich bin

nicht das Besondere
nicht das Geleistete
nicht das Spektakuläre

es hat mich ein Stück entfremdet
von dem
was ich bin

versucht
mich zu sehen
in meiner Essenz
in meiner Schwäche
in meiner Sehnsucht
in meinem Lachen
und mit meinen Träumen

mich sehen
verstehen und lieben
als den, der ich bin

Ich üb's täglich selbst
die radikalste Form
von Liebe
Selbstliebe!

Bitte

Beziehung oder:
Abheben in Verbundenheit

Er nimmt sich Zeit. Langsam und pfeifend geht er in den Stall, begrüßt das Pferd, berührt und putzt es, redet mit dem Tier. Er schaut sie an, diese fünfjährige, noch leicht nervöse Stute. Immer wieder berührt er sie, und seine Hand signalisiert dem ängstlichen jungen Tier ganz klar: Ich bin da! Und sein Dasein berührt, gibt ihr Sicherheit. In diesem Wechselspiel von Berührung und Pflege kommt die Stute gar nicht auf die Idee, nervös zu tänzeln, sie macht einen langen, entspannten und weichen Hals, während er ihr den Sattel auflegt, und kommentiert das Ganze mit einem langen, tiefen Ausschnaufen.

Jetzt ist seine Aufmerksamkeit zu hundert Prozent bei ihr. Beim Hinausführen der Stute, er wiegt gerade einmal 65 Kilo, sie zirka 400 Kilo, gibt es eine Regel: Er führt, sie lässt sich führen, aber nur dann, wenn er wirklich voll für sie da ist. Sie gehen ein paar Schritte – er bleibt stehen, sofort steht auch die Stute einen halben Meter hinter ihm. Sie hat Führung, kennt sich aus, die Ohren sind vorne, und ganz langsam und spürbar nehmen die beiden immer mehr Verbindung auf. Er weiß, das junge Pferd ist ein Fluchttier, auf Angst und mangelnde Führung reagiert es ängstlich bis panisch, und ein 400 Kilogramm schweres, panisches Pferd kann manchmal auch ganz schön gefährlich werden.

Eben noch hat es mit anderen Pferden auf der Koppel wild herumgetobt, mit allen vier Hufen gleichzeitig in der Luft – Beziehungsspiele unter Pferden. Jetzt geht es um eine andere Beziehung: jene von Pferd und Mensch – ein Zweibeiner und ein Vierbeiner gehen eine Verbindung ein. Auf dem Weg zum

Reitplatz und erst recht dann bei der Bodenarbeit sind die beiden voll aufeinander angewiesen und in kontinuierlicher Verbindung. Die Stute beginnt vollkommen entspannt um ihn herumzutanzen, sie liest seine Körpersprache, fühlt seine Anspannung oder Entspannung und kann aus dem Klang seiner Stimme wahrnehmen, ob ihm das Beziehungsspiel mit ihr Freude macht, ob er Angst hat oder Druck macht. Beide sind geübt im Körperlesen, in nonverbaler Kommunikation – Klarheit, Wertschätzung und Vertrauen prägen ihre Beziehung.

Er hat viel Wertschätzung für sie, mit ruhiger Stimme lobt er sie für Gelungenes, sie beobachten einander akribisch, auf sein kurzzeitiges Abgelenktsein reagiert sie irritiert bis unwillig, und erst das Wiederherstellen der Verbindung gibt ihr die nötige Sicherheit, ihm wieder zu folgen.

Und dann macht er etwas Unerhörtes: Er holt eine hässliche, grüne, raschelnde, riesengroße Plastikfolie, in die der Wind immer wieder hineinbläst, und legt damit den halben Reitplatz aus. Die Stute rollt panisch die Augen – schon wieder etwas Neues, sie schnaubt, scharrt nervös mit den Vorderbeinen, der Hals wölbt sich angstvoll, verspannt auf, wird bretthart, ein unsicherer, raschelnder Boden, der sich bewegt, ein größtmöglicher Angstauslöser für das Fluchttier Pferd.

Ganz ruhig geht er auf die Stute zu, die Stimme weich, noch weicher die Berührung, ganz nahe steht er bei ihr, tief atmend und sie mit seinen Händen von vorne bis hinten berührend. So lädt er sie ein, wieder zu atmen, führt sie langsam aus der Angststarre wieder in die Sicherheit, in die Verbindung zu sich selbst und zu ihm. Sie brauchen viel Zeit, eine neue Situation, eine Herausforderung, etwas Neues gibt es zwischen ihnen beiden – raschelnd und ungewiss. Ganz langsam macht sie wieder einen entspannteren Hals, beginnt abzukauen und geht nun wieder ein paar Schritte mit ihm. Er bleibt dicht bei ihr, denn er weiß, dass er sie jetzt vom sicheren Sandplatz zur »bösen grünen Folie« hinführen wird. Mit ruhiger Stimme spricht er zu ihr – sein Körper ganz an ihrer Schulter, während sie sich Schritt für Schritt dem grünen Ungeheuer nähern. Er hat Zeit für sie – und er ist da, ganz da – und sie geht mit ihm, vertrauend, weil sie Verbindung spürt.

Gemeinsam setzen sie ein Bein auf die grüne Folie, der Wind bläst, das ganze Ding wölbt sich auf! Ihr ganzer Körper ist angespannt, bereit, mit einem Riesensatz aus dem Gefahrenraum zu springen, da! – noch mehr Stimme von ihm, noch mehr Berührung, noch mehr Nähe, langsame Berührung, bis endlich beide wieder tief atmen, fast synchron. Und dann, unglaublich, folgt ihm das Pferd Schritt für Schritt, in fester Beziehung, hinein in die Herausforderung. Und dann auch wieder, der letzte Schritt, hinaus aus dem Discomfort, der Angst, der Ungewissheit.

Gemeinsam haben sie es geschafft, Mensch und Pferd in guter Verbindung. Jetzt gibt es viel Lob auf dem vertrauten Sandplatz, hier befindet sich das Pferd in der Komfort-Zone, hier fühlt es sich sicher, das spüren beide, und so kann er auf Distanz zur Stute gehen. Mit einem klaren Handzeichen und einer Körperdrehung signalisiert er ihr eine andere Gangart, und sie trabt entspannt im vertrauten Areal, bis sie plötzlich wieder da ist, die grüne Gefahr, und da ist auch er schon wieder bei ihr!

… Eine halbe Stunde später sehe ich sie und ihn. Sie hat die grüne Plane um den Hals gebunden, wie bei »Batman« weht und raschelt das grüne Monster hinter ihr. Er sitzt auf ihr, lose Zügel, die Ohren der Stute sind aufmerksam nach vorne gerichtet, das Fell ist staubtrocken, was signalisiert, dass sie entspannt ist. Und in tiefer Verbundenheit tanzen die beiden über den Reitplatz, machen enge Wendungen, und immer wieder geben ihr seine Schenkel Kontakt und Halt und signalisieren: »Ich bin da, wir sind verbunden!« In dieser zügellosen Verbundenheit, voller Klarheit und gegenseitigem Respekt, erlebe ich sie tanzend, miteinander abgehoben, mehr als im Flow, eben miteinander fliegend.

In der Beziehung mit ihm, dem Menschen, konnte sie, die Stute, den Angst-Vogel fliegen lassen. Die Beziehung zum Tier konnte er, der Mensch, nur schaffen, indem er den Druck-Vogel oder den »Jetzt arbeite ich mit dir«-Vogel gleich gar nicht mit in den Stall nahm.

Wir können miteinander in feinster Verbundenheit abheben, verschmelzen, fliegen, wenn es uns gelingt, den eigenen Vogel fliegen zu lassen, oder wenn wir in der Verbundenheit mit dem Partner unsere Vögel gegenseitig gesundlieben.

… Das gelingt nicht nur zwischen Mensch und Tier, sondern auch in einer lebendigen Beziehung zwischen zwei Menschen.

»Sie« ist mein Pferd, mit dem ich noch viel zu üben und zu lernen habe, »er« ist mein Sohn Stanislaus, auf ihn bin ich stolz und ihm sehr dankbar.

Gemeinsam fliegen

DA – DU
DA – ICH
Ich kann dich sehen
wir sehen einander
gehen langsam aufeinander zu

deine Augen
dein Gesicht
dein Lachen
deine Atmung
und die Luft
die wir teilen

der Raum zwischen uns
wird lebendig
vibrierend
belebt
wir lernen einander
kennen

Ich erkenne dich
du erkennst mich
du lädst mich ein
in deine Welt
und achtsam
durchwandere ich
den Raum zu dir

Du liest meine Gedanken
in meinem Gesicht
und ich spüre
sie dürfen sein
so wie ich

wir sind da
und sprechen die Worte
Herzenssprache
verstehen und verstanden
fühlen und erfüllt
geben und ergeben

Ein heiliger Zwischenraum
offen und geweiht
durch dich und mich
in Verbundenheit

diesen Raum um uns schaffend
herzverbunden
eine Leichtigkeit
schwebender Stille
verbundener Herzen

Atem – teilend
leben wir
langsam und sicher

Fliegende Herzen
der Treibstoff
heißt Liebe

Hallo Freund!

Wo bist du jetzt?, frage ich mich. Was würdest du sagen, nach all dem, was sich in den letzten zwei Jahren getan hat?

Beim Durchblättern meiner Kontakte am Handy, konkret beim Suchen einer Telefonnummer, ebenfalls eines Freundes, ist mir dein Name aufgefallen. »Tele-fonein« – »aus der Ferne erklingen«. Was gäbe ich, könnte ich jetzt mit dir tele-fonieren, deine Stimme hören, dir zuhören, dich fragen, auch dir erzählen!

Wenn ich unter deinem Namen auf »Anrufen« gehe, höre ich eine freundliche Frauen-Telefonstimme, die mir erklärt, dass unter dieser Nummer kein Anschluss existiert.

Wie das? Ich habe dich doch eingespeichert, vor Jahren schon, mit Foto – und dann lese ich deine Nachrichten, Urlaubsgrüße, ein Foto deiner Kinder, Antworten von mir, unsere ganze SMS-Korrespondenz, deine große Bergtour, deine Begegnungen, deine Freuden: alles, woran du mich hast teilnehmen lassen, das du mit mir geteilt hast. Wenn ich das jetzt durchlese, merke ich, wie ich das alles, das Schöne und das Belastende, gerne anders mit dir geteilt hätte als über SMS-Kommunikation. Wie schön waren doch unsere Begegnungen, wenn wir uns Zeit dafür genommen haben – wie konnten wir es zulassen, dass die Zeit immer knapper wurde, die Zeit, beisammen zu sein, miteinander zu lachen, zu genießen, auch miteinander traurig zu sein? Wir haben uns doch immer wieder erzählt, wie wir unser Leben vereinfachen und zugleich wesentlicher gestalten wollen, und dennoch ist uns zunehmend die Zeit ausgegangen – dir und mir – und dir auf noch viel radikalere Weise, unabänderlich!

Im SMS-Thread sehe ich die Bilder von dir und deiner Frau, und es tauchen auch ganz reale, erlebte Bilder auf, wie du deinen Enkelkindern begegnest – zeitlose Momente –, da sehe ich dich, ganz präsent, augenblicklich, sehr zufrieden.

Und ich erinnere mich, wie unterschiedlich ich deine Stimme wahrgenommen habe. Manchmal habe ich dich mitten in deiner Arbeitszeit angerufen, in Gesprächen und Sitzungen gestört, manchmal kam auch die für mich ärgerliche Nachricht: »Ich kann grad nicht abheben.« Oft hast du – danke dafür –, meinen Namen am Display lesend, dennoch abgehoben, mit leiser Flüsterstimme, weil du in einer Sitzung nicht stören wolltest, oder manchmal auch laut schnaufend auf dem Weg von einem Meeting ins nächste.

Ich kenn dich doch, in Wirklichkeit wolltest du ein echtes Treffen, eine echte Begegnung, mit dir selbst, deiner Frau, deinen Kindern, vielleicht sogar mit mir, deinem Freund, stattdessen hast du ins Telefon geschnaubt: »Ich muss jetzt in ein Meeting.« Es ist schon ein Unterschied, ob ich in eine Begegnung will oder in ein Meeting muss, oder?

Ich kenne auch deine andere Stimme, deine entspannte Stimme, in unseren zeitlosen Begegnungen, deine klugen Augen, deine klare Stimme, die mir so wertvolle Botschaften geschenkt hat, mir in meiner Emotionalität so hilfreich war, immer wieder zu differenzieren, ich erinnere mich an dein Lachen und auch an das Weiche in deiner Stimme, schwärmend über das wunderbare, von meiner Frau zubereitete Essen.

Ich drücke auf die Wähltaste und wünsche mir, dass du endlich abhebst, du längst schon »Abgehobener«, den ich nie abgehoben erlebt habe. Aber gemeinsam konnten wir zwei abheben, an besonderen Plätzen in wunderbaren Begegnungen unserer langen Freundschaft, in heilsamen Räuschen, real ertrunken, aber auch Nächte durch singend, meditierend, wandernd und feiernd.

Mit dir – Freund – habe ich so manchen Flugversuch gemacht und Höhenflüge erlebt – und wohin fliegst du jetzt?

Was ist deine Botschaft an mich? Was mache ich mit deiner Unerreichbarkeit?

Ich erlebe deine Frau trauernd, deine Kinder gefordert, und ich erkenne deinen Anteil an ihnen, auch vieles, das du in sie hineingeliebt hast. Ich sehe deine Enkelkinder und ich weiß, wie sie dir gutgetan haben und ich hoffe, auch tun.

Hallo Freund, wir haben schon bald zwei Jahre keinen Kontakt. Was würdest du mir sagen, zu meinem Leben der letzten zwei Jahre, du Ungeschminkter, in deiner Freundesart? Was ist wohl heute deine Botschaft an mich, nach deiner so speziellen Erfahrung?

Welchen Flugversuch würdest du mir empfehlen, vielleicht sogar mit mir gemeinsam unternehmen?

Wir würden einander begegnen und uns ganz lange und fest umarmt halten, das würde uns und unseren Herzen guttun. Viel Raum und Zeit-Raum würden wir miteinander haben und aufs Neue unsere Kraft spüren in unserer konkurrenzfreien Verbundenheit.

Danke Freund, dass du mir heute begegnet bist, du Abgehobener, aber längst noch nicht Gelöschter. Ich werde sicherheitshalber deine Daten auf meinem Handy behalten, wissend, dass du längst einen festen Platz in meinem Herzen hast. Jetzt bist du da, auch wenn ich dich telefonisch grad nicht erreiche. Wenn du auftauchst in meinem Leben, wie auch immer, werden Flugversuche möglich, denn du lebst weiter in allen von dir geliebten Menschen.

Ich habe dich angerufen, du hast nicht abgehoben, aber ich bin dir heute begegnet, in mir. Dich bei mir zu wissen, beflügelt mich! Danke – da bist du!

Danke Freund

Danke – Freund
dass du da bist

Danke für deine
Gedanken an mich

Danke für dein
Fragen, wie's mir geht

Danke für dein
festes Drücken

Danke für deine
Kraft und Klarheit

Danke für die Zeit,
die du mir gibst

Danke, dass du mich siehst
und nicht den Erfolg

Danke für deine Schritte
neben mir hergehend

Danke, dass du da bist
und sagst
gut, dass du da bist

Danke – Freund

Gut, dass du da bist
... und
wenn ich einmal
nicht mehr da bin
dann will ich erst recht
da sein
in dem, was mir vielleicht
stückweise gelungen ist ...
in dich, in euch
hinein zu lieben

Der schöne Vogel Solidarität

Wenn ich über Flugversuche schreibe, dann möge das bei Menschen Sehnsucht erwecken nach Fliegen, Abheben, nach Freiheit und Überblick. Es möge Mut machen, aus gewohnten Mustern auszusteigen, alte Überlebensmuster zu verabschieden, um selbst bereit und frei zu werden, um abheben zu können.

Das war auch meine vorrangige Intention bei diesem Buch.

Und dann erwischt es mich, ausgerechnet in Südkreta an der Kaimauer sitzend und die wunderbare Dünung des Mittelmeers bestaunend: Es ist genau jenes Meer, in dem seit vier Jahren weit über 10.000 Menschen ertrunken sind. Mitten hinein in meine beglückte Stimmung kracht die politische, globale Realität, mit der wir gefordert sind, besonders in den reichen Ländern dieses Planeten. Menschen verlassen ihren Lebensraum, ihr gewohntes soziales Umfeld, ihre Familien, ihren kulturellen Hintergrund, weil sie in ihrem Land aus politischen, religiösen oder auch aus klimatischen Gründen keine Chance mehr haben, würdig zu leben, nicht einmal mehr zu überleben, weil sie existenziell bedroht sind und/oder verfolgt werden.

Ich denke an Aeham Ahmad, jenen Pianisten aus Damaskus, dessen Bild um die Welt gegangen ist. Zu sehen ist ein junger Syrer, der in einem grünen T-Shirt an einem Pianino sitzt und spielt und singt. Das Klavier steht mitten auf einer Straße im vollkommen zerbombten Palästinenserviertel von Damaskus. Jarmuk heißt dieser Ortsteil, und tief berührend ist sein Buch, das er nach gelungener Flucht über die (damals noch offene) Balkanroute via Österreich nach Deutschland geschrieben hat. »Und die Vögel werden singen«, hat er es genannt und dabei seine Lebensgeschichte und seine vielen Flugversuche beschrieben. Viele seiner Freunde sind damals (2014/2015) in Jarmuk verhungert oder umgebracht worden. Sein Wohnviertel wurde von den Regierungstruppen Assads rigoros blockiert und ausgehungert. Auch in dieser Extremsituation hat Aeham Ahmad lange nicht an Flucht gedacht, er hat unzählige Versuche gestartet, das Leben für sich, seine Familie und die Menschen in Jarmuk erträglicher zu machen, er hat musiziert und gesungen, er hat seine Ressourcen und Fähigkeiten genutzt, um die menschenunwürdigen und unerträglichen Lebenssituationen auf diese Weise zu verbessern. Und er hat damit auch auf seine Weise weltweit auf die mörderische Machtpolitik Assads aufmerksam gemacht.

Aehams Gedanke war also nicht primär die Flucht nach Europa, im Gegenteil, in seinen Liedern lud er seine Brüder ein, wieder zurückzukommen, so lange, bis auch für ihn und seine Familie der Druck zu groß wurde, definitiv existenziell bedrohlich, und er, mehrfach sein Leben riskierend, einen Fluchtversuch wagte.

Wie bin ich stolz, als Österreicher in seinem Buch zu lesen, wie herzlich er in Wien als Flüchtling aufgenommen wurde, stolz auf die österreichische Zivilgesellschaft, die damals großzügig den vielen erschöpften Flüchtlingen geholfen hat, und wie schäme ich mich heute für unser Land, das die Grenzen dicht macht, ausgerechnet Österreich, eines der reichsten Länder der Welt, wie mittlerweile auch die gesamte EU. Ich erlebe es als zunehmend bedrohlich, dass Nationalismen wieder so bedeutsam werden und rechtspopulistische Regierungen, von angstschürenden Medien unterstützt, immer mehr Macht gewinnen.

Wir brauchen viele Menschen wie Aeham Ahmad, auch in Österreich, die mit all ihren Begabungen, Ideen, Ressourcen und vor allem auch kooperationsbereit darauf hinweisen, wo Unrecht geschieht, die kreativ und mutig mitteilen und sagen, was zu sagen ist.

»Flugversuche«, authentisch umgesetzt, nehmen auch andere Menschen mit, sie stecken an. In unserer globalisierten, digitalisierten und sehr konsumorientierten Welt haben Menschen große Sehnsucht nach neuen Modellen des Zusammenlebens, nach Menschen, die klar und glaubhaft Impulse für neue Lebensformen geben, in denen es um Gemeinschaft, gelebte Beziehungen, Solidarität, miteinander lernen und entwickeln geht. Wir brauchen viele mutige Menschen, die Flugversuche wagen, raus aus dem Konsumkonformismus, die »models of good practice« entwickeln und fördern, die Mut machen, die einladen zu neuen Formen des Zusammenlebens und der Kooperation.

Es ist auch mein persönlicher Flugversuch, hier, erstmals in einem Buch und somit auch öffentlich, Stellung zu beziehen, dass ich mich schäme für Regierungen, die Angstszenarien schüren, sich davon Stimmen erwarten und leider auch bekommen, wenn sie die Grenzen schließen, den Flüchtenden »Anlandebasen« in diktatorischen Regimen anbieten, bereits gut integrierte Familien auseinanderreißen und Menschen in Kriegsgebiete zurückschicken. Ich geniere mich für manche Zeitungen und für jene skrupellosen Journalisten, die diesen aufkommenden Rechtspopulismus und Nationalismus noch schüren und unterstützen. Es macht mich zutiefst betroffen, dass sich längst Befürchtetes nun bewahrheitet. »Das Boot ist voll« – so die politische Haltung der Schweiz vor 80 Jahren –, hat damals vielen ÖsterreicherInnen den Tod gebracht. Jetzt ist das Boot Europa voll oder gibt vielmehr vor, »voll zu sein«, schließt die Grenzen und setzt eine Wirtschaftspolitik fort, die stark mitverantwortlich ist für Armut und Migration auf diesem Planeten.

Wichtig scheint es mir auch, zu fragen: Was ist mein Anteil am Geschehen und welche meiner Vögel – von der Gier über die Eitelkeit, vom Konsum über die Bequemlichkeit, vom Leidens-Vogel bis zum Vogel Strauß – tragen zu unserer heutigen Situation bei? Und welche Vögel sind meine ureigensten, die ich »fliegen lassen« darf und soll, um zu deeskalieren und neue Perspektiven zu ermöglichen, für mich und für andere Menschen, die aus einem weniger privilegierten Leben kommen? Wir brauchen viele österreichische junge »Aehams«, die mutig sind und sagen, was zu sagen ist, indem sie es vorleben. Wir brauchen junge Studentinnen und Studenten, die sich nicht karriereorientiert durch zunehmend verschulte Universitäten durchpauken lassen, sondern den Mut haben, Freiräume zu schaffen, um politisch Stellung zu beziehen und kreativ neue Lebens- und Gesellschaftssysteme zu entwickeln, die den globalen, gesellschaftlichen und ökologischen Herausforderungen gerecht werden, denn Grenzzäune und Populisten sind keine Antwort.

Wir brauchen eine Generation von weisen Alten, die dieser neuen Generation Platz und Raum gibt und den jungen Menschen vertrauensvoll den Rücken stärkt. Da kommen wir mit der überlebten Parteienlandschaft in Österreich nicht weiter, es bedarf eben auch da neuer Flugversuche, auch umgefärbte Parteien bringen mehr vom selben Alten, manchmal in noch bedrohlicherer Form.

Wir haben vor 24 Jahren während des Bosnien-Krieges zwei bosnische Familien bei uns im Waldviertel aufgenommen. Der eine Bruder hat mit seiner Frau und zwei Söhnen drei Jahre bei uns gewohnt. Kaum war der Krieg aus, sind alle vier wieder zurück nach Bosnien gereist.

Der andere Bruder hat sich mit seiner Frau und den Kindern hier integriert. Die Frau ist heute im Gesundheitsbereich in einer führenden Position engagiert, ist kompetent und beliebt, der Mann hat eine sichere berufliche Position gefunden, sie haben gemeinsam im sehr dünn besiedelten Waldviertel ein Zuhause geschaffen und die drei mittlerweile erwachsenen Kinder sind sprachlich, ausbildungsmäßig und persönlich hier integriert, bringen sich mit all ihrem Können und Tun wertvoll in unsere Gesellschaft ein. Aus zwei Fluchtversuchen sind gleich mehrere Flugversuche geworden. Wir und auch unsere bosnischen Freunde haben viel voneinander und miteinander gelernt. Wie gerne bin ich bei einem Fest dieser Freunde eingeladen, sie können eine ganze Nacht feiern, singen, essen, genießen, lachen und wieder singen und brauchen dazu nicht einmal Alkohol – ein echter Flugversuch!

In Würde

diesen neuen Tag beginnen

würdig dir begegnen

würdigen, was mir
täglich geschenkt ist

menschenwürdiges Leben
ermöglichen

würdig eingreifen,
wo Würde keinen Platz hat

mein Leben
in Würde lebend

würdevolles Sein
erleben und
erlieben

»Dir werden sie noch die Flügel stutzen!«

Ich hab's   oft gehört
             gespürt
             erlebt
und will's
             nie wieder hören!

Weshalb schreibe ich? Weil ich weiß, dass es heute täglich geschieht, in Familien, in Schulen, in unserer Gesellschaft, global. Warum werden heute noch Menschen die Flügel gestutzt? Manchen Menschen in manchen Systemen werden sie nicht bloß gestutzt, sie werden auch gebrochen. Das Gegenteil benötigen wir. Wir brauchen beflügelte Menschen, viele junge und kreative, voller mutiger Ideen!

Ich träume von einer Gemeinschaft beflügelter Menschen, die miteinander im Dialog gestalten, die Antworten entwickeln auf die vielen offenen Fragen.

Ich träume davon, dass sich die Alten und die Jungen an einen Tisch setzen, miteinander reden, vor allem einander zuhören!

Ich träume von Start-ups für eine humanere Gesellschaft, Start-ups für präventive und progressive Konzepte in der Pädagogik – für Schulen, in die Kinder gerne gehen, in denen sie spielerisch lernen können.

Ich träume von beflügelten LehrerInnen, die sich über jedes einzelne Kind freuen können, das sie begleiten dürfen.

Ich träume von ÄrztInnen, die all ihr Wissen, all ihre Kompetenz einsetzen, damit Menschen nicht krank werden.

Wir brauchen wieder beflügelte Menschen, Begegnungen, die uns Flügel verleihen, demokratisch sind, langsam wachsend, mit einem klar definierten gemeinsamen Ziel:

Beflügelte Menschen solidarisch in lebendigen
Gemeinschaften lebend,
in achtsamer Verbundenheit mit ihren Lebensräumen –
zur Natur, in der sie leben.

Ich träume von beflügelten Menschen, die eine neue Form des Reisens entwickeln, die ökologisch verträglich und verlangsamt ist, dafür mit mehr Potenzial für Begegnungen und interkulturellen Austausch. Ähnlich wie die digitale Welt einen Paradigmenwechsel in unserer Gesellschaft bewirkt hat, ersehne ich eine neue, eine beflügelte Gesellschaft, in der Menschen wieder in Kontakt mit sich selbst und miteinander kommen, ihre Gefühle wahrnehmen und erspüren können, was sie leben wollen und was nicht.

Wenn wir uns wieder unserer Würde bewusst werden – und das verleiht Flügel –, dann werden wir wieder gestaltende Menschen, authentisch und frei wie ein Vogel, und geben damit eine Antwort auf jenen globalen Wirtschaftsimperialismus, der Menschen zu Objekten seiner Konsumdiktate macht.

Gestern konnte ich einen Vater beobachten, wie er liebevoll seinen kleinen Sohn gefüttert hat. Dieser Generation gehört die Welt! Möge der kleine Bursche seine Flügel entfalten können und möge er ideale Flugbedingungen vorfinden in dieser Welt – und immer mehr Beflügelte!

Sein lassen

mich herablassen

> vom hohen Ross
> von fixen Bildern
> von erdrückenden Erwartungen
> von meiner Weltsicht

mich einlassen

> in mich
> in dich
> in Begegnungen
> in Bewegungen
> in meine Gefühle
> ins Lassen

mich sein lassen

> liebevoll
> herabgelassen
> ausgeatmet
> losgelassen
> erdverbunden

DA   BIN   ICH

Der Starthelfer

Als neuntes von zehn Kindern habe ich entsprechend viele älter Geschwister. Unter den vielen Freunden meiner Schwestern hat einer, dem ich diesen Text widmen will, einen besonderen Platz in meinem Leben: mein Schwager Helmut.

Nicht nur, dass er vor Mathematik-Schularbeiten immer mit mir gelernt hat, besonders wegen seiner Liebe für die Fliegerei hat er mich sehr begeistert. Er war für mich als großer Freund sehr wichtig, hat mit mir Modellflugzeuge gebastelt, und ich habe auch gespürt, dass ich in der Kinderschar für ihn besonders war, was mir gutgetan hat. Wichtiger für ihn jedenfalls war dann doch meine große Schwester, in die er sich verliebt hat. Wenn die beiden alleine wegfahren wollten, hat unsere sittenstrenge Mutter mich immer mitgeschickt, nicht ohne Hintergedanken.

Als Helmut sich seinen Traum erfüllte und den Segelflugschein machte, hat er mich oft zum Flugplatz mitgenommen, und dort durfte ich nach einer Einschulung Starthelfer bei den Segelfliegern sein. Nachdem das Segelflugzeug über die Schleppschnur mit der Zugmaschine verbunden war, war es meine Aufgabe, die Tragflächen des Segelflugzeuges in der Waage zu halten und so lange mitzulaufen, bis der Fahrtwind stark genug war, um das Flugzeug vom Cockpit aus in Balance zu halten. Ich war immer ein guter und schneller Läufer, war mir der Verantwortung meiner Aufgabe bewusst und habe es genossen, so lange wie möglich mitzulaufen und dann das Flugzeug kurz vorm Abheben auszulassen, und es war für mich immer beeindruckend, das Flugzeug, das ich eben noch gehalten hatte, an den Tragflächen berührt hatte, in den Himmel schwebend zu verfolgen. Der Lohn für einen Tag als Starthelfer war dann am Abend, dass ich als Co-Pilot im »Bergfalken« eine Runde mitfliegen durfte. Damit ich genug sehen konnte, setzten sie mich gut angeschnallt auf zwei Fallschirme.

Starthelfer sein ist ein verantwortungsvoller Job. Wenn das Segelflugzeug in der Startphase zur Seite kippt und die Tragfläche den Boden berührt, kann das zu einem schweren Unfall führen.

In unseren Beziehungen können wir wechselweise Start-verhinderer, geradezu Boykotteure sein, oder uns gegen-seitig in die Lüfte, sprichwörtlich in den siebenten Himmel schweben lassen. Viele Menschen haben noch immer ein Bild von Beziehung als einer Situation von ständigem Höhenflug, einem Honeymoon-Trip ohne Ende. Der gute Pilot sollte vor dem Abheben wenigstens wissen, wann und wo er landen will – gilt das auch für eine Partnerschaft?

In einer lebendigen, liebenden Verbindung sind wir zu ungleich mehr fähig als ein simples Fluggerät. Es ist gera-dezu unglaublich, was möglich ist, wenn Menschen in acht-samen, liebenden Beziehungen »abheben«. Wenn Menschen auf diese Weise »heilige Zwischenräume« schaffen, einander liebend begegnen, sich wechselseitig in ihrem So-Sein lassen und lieben lernen, dann sprengen sie zugleich auch alle Ge-setze der Mathematik – dann ist 1 + 1 mehr als 2, ein Vielfa-ches! Das meine ich nicht nur biologisch, was Wunder genug ist in der Entstehung eines neuen Lebewesens, sondern auch in der Kraft und Energie, die von zwei Menschen ausgeht, denen jene spirituellen Begegnungen – »Höhenflüge« – ge-lingen.

Umgekehrt gilt auch, dass in einer Beziehung ohne Reso-nanz, in einer Machtkampf-Beziehung 1 + 1 gleich 0 oder -2 sein kann, auch in so einer Beziehung können Kinder entste-hen, aber mit weniger guten Nestbedingungen.

Für zwei liebende Menschen tun sich überall gute Lande-plätze auf, denn sie strahlen genau jene Verbindung aus, nach der wir uns alle sehnen, eine Verbindung, die allerdings erst lebbar wird durch die Begegnung zweier autonomer Menschenwesen, die jeweils mit sich selbst gut in Resonanz sind, die gut um ihre unterschiedlichen »Vögel« Bescheid wissen und die auch dazu in der Lage sind, den anderen in seinem Überlebensmuster »gesundzulieben«. Auf diese Weise kann der Landeplatz im Laufe der Jahre immer schöner, reicher und bunter werden und ein begehrter Lebensraum für viele Menschen.

Es gibt Paare, die können sich mit ihren »Überlebens-Vögeln« gegenseitig so festhalten, dass letztlich alle Energie weg ist, um miteinander zu fliegen. Was kann für so ein Paar ein möglicher Neustart, eine Starthilfe sein?

Oft ist es notwendig, den eigenen Körper zu pflegen, das eigene Flugzeug zu warten, weil im Machtkampf und in der Anstrengung, den anderen zu verändern, in der Realität einer nicht gelebten, unklaren Beziehung viel Energie gebunden ist. Diese Energie- und Kraftlosigkeit macht uns »fluguntauglich« und die eigenen Überlebens-Vögel oft noch mächtiger: »Du musst es halt alleine schaffen« – oder: »Da musst du schon selbst durch« – oder: »Reiß dich doch zusammen« – oder: »Du bist halt nicht beziehungsfähig« – oder: »Wenn du dich noch mehr anstrengst, dann wirst du sicher geliebt werden« – oder: »Geh besser arbeiten, da hast du wenigstens Erfolg«. Solche oder ähnliche Botschaften zwitschern uns die Überlebens-Vögel ständig ins Ohr. Das raubt Kraft, nimmt Mut und hindert uns am ersehnten Abheben – alleine oder miteinander!

Wenn es uns also gelungen ist, den einen oder anderen Vogel fliegen zu lassen – manchmal ist dafür ein bester Freund oder eine beste Freundin als potenzielle Starthelferin hilfreich –, wenn wir den Vogel »Ich hab dich lieb, weil du so tüchtig bist« oder den Vogel »Du musst alles kontrollieren, Kontrolle ist besser als Vertrauen« zumindest vorübergehend verabschiedet haben, dann können neue Flugversuche möglich werden.

Für jeden Flugversuch in einer Partnerschaft braucht es immer wieder Räume, Flugräume, Bewegungsräume, Zeit-räume, Träume auch und ganz gewiss viel Leichtigkeit und Beweglichkeit. Wenn zwei solcherart fein gestimmte Menschen einander in einem Schutzraum begegnen, dann kann ein Dritter Starthilfe geben, mit dem Paar neue Perspektiven entwickeln, die Tragflächen stabilisieren und in der heiklen Startphase ein Stück mitlaufen, damit die Balance gewahrt ist. Dankbar und staunend, auch oft berührt, bin ich Zeuge, wie die zwei dann miteinander abheben, darf ein Stück den Raum erspüren, den sie miteinander neu geschaffen haben und bin zuversichtlich, dass zwei solcherart Verbundene auch wieder gut landen werden.

Aus über 40 Jahren eigener Beziehungsgeschichte weiß ich, dass es nicht nur Höhenflüge gibt, aber es sind genau jene gemeinsamen Erlebnisse tiefer Verbundenheit, die uns in heiklen Phasen, in Krisen, in Krankheit, in Zeiten der Schwäche Kraft geben. Wenn nach diversen Bruchlandungen das Flugzeug im Hangar steht und zerlegt wird, trägt die Gewissheit, auch miteinander »fliegen« zu können, und diese Gewissheit gibt Kraft für Heilung.

Räume werden im Hebräischen auch mit dem Wort »Heilung« gleichgesetzt. Wir brauchen solche Räume immer wieder für neue Flugversuche, wir dürfen uns auch Starthilfe holen oder Starthilfe geben, um miteinander Heilungsräume zu erfliegen.

Flugversuche für Mütter und Väter

Ich sehe dich
und ich bin da

    Ich liebe dich
    so wie du bist

bin stolz auf dich
weil du – du bist

    meine Tochter
    mein Sohn

Ich bin da für dich
ohne bestimmte
unausgesprochene oder
ausgesprochene Erwartungen
an dich

    Ich segne dich
    und ich vertraue dir
    hab' Vertrauen in dich
    und trau dir vieles zu

Es möge
meine Liebe
in dir landen
und Leben
ermöglichen

Heilung

bei mir
zulassen

um

wirklich
heilkundig
zu sein.

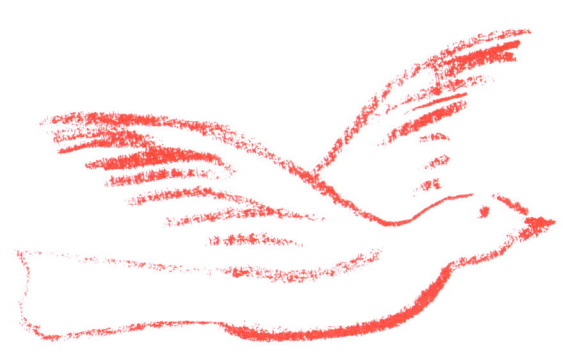

Du bist so »mamig«!

Eine junge Mutter erzählt über ihre Beziehung zu ihrem neunjährigen Sohn: »Da gibt es Tage, da rede ich und rede, und er hört mir nicht zu, er folgt mir einfach nicht. Ich könnte dabei verzweifeln. Ich liebe ihn doch so, aber er macht geradewegs das Gegenteil von dem, was ich will.

Und dann gibt es Momente, meist wenn wir beide entspannt in der Küche sitzen oder plaudern oder er mir beim Kochen hilft, da sucht er meine Nähe, wir kuscheln. Und in solchen Situationen, die ich mit meinem Sohn sehr genieße, sagt er zu mir immer wieder: ›Du bist so mamig!‹

Ich habe mich dann genau beobachtet, was denn an mir anders ist in solch ›mamigen‹ Momenten, und ich habe bemerkt, ›mamig‹ bin ich für meinen Sohn immer dann, wenn ich mit mir selbst in Verbindung bin – in Küchenmomenten, nach dem Essen, wenn nichts mehr auf meiner To-do-Liste steht, wenn ich mir erlaube loszulassen, wenn es mir gelingt, aus der eigenen Getriebenheit auszusteigen.«

»Und es sind genau jene ›mamigen‹ Momente«, fährt die junge Mutter fort, »in denen mir mein Sohn so gut zuhört. Da sind wir beide in Verbindung. Es geht da nicht nur ums Folgen oder Nicht-Folgen, da ist es wirklich fein mit ihm. Wir können so spüren, wie wir uns als Sohn und Mutter lieben. In ›mamigen‹ Situationen hört er mir zu und tut auch die Sachen, um die ich ihn bitte, und umgekehrt tu ich sie auch.«

»Mamige Zeiten« brauchen wir alle immer wieder. Diese Mutter erlaubt sich, auch mit sich selbst »mamig« zu sein. Und wenn ihr das gelingt, so bemerkt sie, lebt sie verbunden, in Beziehung.

»Try to be yourself a healing mother!«, hat mir einmal eine für mich sehr wichtige Lehrerin gesagt und mir damit ein großes Geschenk gemacht. Ich denke, das ist eine wichtige Voraussetzung, um uns auch wirklich flugtauglich auszustatten für echt »mamige« Beziehungen und auch für erfüllte Partnerschaft, denn »mamige Momente« brauchen wir alle – die großen und die kleinen Kinder. In diesen Momenten sind wir authentisch und angstfrei, da gelingen Beziehungsflüge. Die kluge Mutter schließt ihre Erzählung mit den Worten: »In meiner Kindheit habe ich immer gehört: ›Wer nicht hören will, muss fühlen.‹ Meine Erfahrung aus dem Mamig-Sein ist: ›Wer fühlt, der hört und wird gehört.‹«

Losgelassen

Losgelassen
fühl ich
mich berührt

getragen und leicht
mein Herz geht auf
und lässt mich lassen

mich und andere im Sein

Ist es Liebe, die ich spür?
rauschhaft
herzerweiternd
weich

so fühl ich
losgelassen
lebend
Liebe

Flugversuch:
Das Schöne erkennen

Ich will mit drei Ärztekollegen zu unserem Projektort nach Tansania fliegen, wir sind schon sehr spät dran beim Check-in am Flughafen, ich urgiere die Tickets … und eine sehr resolute Mitarbeiterin des Bodenpersonals erklärt sehr bestimmt, dass wir keinen Platz mehr im Flugzeug bekommen, mit dem mir vollkommen unerklärlichen Hinweis, dass wir vorher einen »Erste-Hilfe-Kurs« absolvieren müssen, erst danach gäbe es das OK für den Abflug. Ich reagiere wütend, empört, argumentiere verzweifelt, dass wir alle vier Ärzte sind und den Flug längst gebucht haben. Je mehr ich mich aufrege, umso mehr ignoriert mich die emotional vollkommen unbeteiligte Mitarbeiterin, und je mehr ich mich von ihr unverstanden und vor allem ignoriert fühle, umso wütender und emotionaler werde ich – so wütend, dass ich endlich aufwache aus diesem Traum, mit heftigem Herzklopfen und zugleich erleichtert, dass es sich nur um einen bösen Traum gehandelt hat.

Mein Körper jedoch ist jetzt hellwach, alarmiert – ich schwitze und bin zugleich sehr irritiert. Der Traum hat mein Körpergedächtnis aktiviert. Ich wollte doch etwas Sinnvolles, Gutes tun in dem Afrika-Projekt und wurde ganz einfach ignoriert und mit einer unsinnigen bürokratischen Antwort boykottiert. Ich spüre den Überlebens-Vogel des »Nicht gesehen-Werdens« leibhaftig in dem dunklen Zimmer, in dem ich hier während unseres Kreta-Aufenthaltes schlafen will. An schlafen ist nach dieser Traum-Episode jedoch nicht mehr zu denken.

Dieses »Nur-gesehen-Werden, wenn ich entspreche, Besonderes leiste«, kenne ich gut, so bin ich aufgewachsen, so bin ich erzogen worden, so hat mich unser Schulsystem zwölf Jahre lang geprägt. In meiner Schule ging es immer um Leistung und Disziplin. Bloßstellung war ein Teil des pädagogischen Konzeptes. Zum Schulschluss wurden nur die Besten geehrt, und all jene, die es nicht geschafft hatten, waren einfach fort, die haben wir auch nie wieder gesehen. Das ganze Prinzip wurde noch dazu als »elitär« bezeichnet. Elitär an meiner Schule war ausschließlich der krankhafte Leistungsdrill auf Kosten der Schwächeren, deren vielleicht andere Begabungen in dieser katholischen Privatschule keinen Platz fanden. Wer in meiner Schule die Reifeprüfung absolvierte, hatte gelernt zu leisten, zu funktionieren, und dann wurde er gesehen.

So sinniere ich, im finsteren Raum liegend, über meinen Traum, der mich ausgerechnet während des Buchprojektes zu den Flugversuchen überrascht hat. Immer wieder überprüfe ich meine eigenen Blockierungen und noch nicht getätigten Flugversuche und kenne die Vögel ganz genau, die bei mir in verschiedenen Situationen »getriggert« werden, um dann ganz bestimmte Überlebensmuster auszulösen. Genau diese Reaktionen sind so energieraubend, sie können das Leben so schwer machen und Resonanz mit mir und anderen leicht verhindern. Manchmal können diese Vögel so mächtig und präsent werden, dass sie uns jede Leichtigkeit rauben, eben jene Leichtigkeit, nach der wir uns sehnen, um immer wieder in rauschhafte Höhenflüge »abheben« zu können.

In meinem Zimmer ist es noch immer dunkel und gar nicht rauschhaft. Ich kann nicht mehr einschlafen, kreisende Gedanken erfassen mich und ich spüre, wie die Spirale enger wird, die mich nicht mehr zur Ruhe kommen lässt. Ein Blick auf die Uhr zeigt mir 4:30 Uhr. Ich drehe mich von links nach rechts und wieder zurück. Wann wird es endlich heller da draußen? Die kreisenden Fragen und Themen werden immer existenzieller – noch immer ist alles dunkel –, habe ich geschlafen oder nicht? Das Unterbewusste hat mich ziemlich durcheinandergebeutelt, an Ausruhen ist jetzt nicht mehr zu denken! Mein irritierter Geist lässt den Körper nicht mehr zur Ruhe kommen.

Die Stille, die ich hier in Kreta sonst so genieße, erlebe ich jetzt als fast bedrohlich, zum Aufstehen ist es zu früh und draußen stockfinster. In dieser Stimmung daliegend, innerlich mit dem Vogel der Ignoranz, des Nicht-gesehen-Werdens, beschäftigt, höre ich, ganz zaghaft, den ersten Morgengesang einer griechischen Amsel in die beengende Stille hinein. Ganz langsam entsteht dieser Gesang, und ich schicke all meine Aufmerksamkeit hin zu dieser Amsel, die irgendwo da draußen von einem Olivenbaum aus in die finstere Nacht singt und lange vor mir die nahende Dämmerung erahnt. Der Gesang und meine Verbindung zu diesem kleinen Vogel lassen mich mitten in der Nacht aufstehen. Jeans, T-Shirt, Rucksack, Taschenlampe und eine Flasche Wasser, so verlasse ich mein Zimmer und folge dem Gesang. Die griechische Amsel ist an diesem Tag mein Starthelfer und ich spüre Erleichterung, dass ich mich von ihr habe locken lassen, um meinem finsteren Zimmer zu entkommen. Das erste Dämmerlicht wird sichtbar und schnell gesellen sich Taubengurren und andere Vogelstimmen zum Gesang der Amsel, einen Kauz höre ich in der Ferne und dann den Weckruf der Hähne, deren es in dem kleinen Dorf Anidri offensichtlich mehrere gibt. Auf einer Steinmauer sehe ich im Dämmerlicht eine wunderbare Rose und rieche daran, und wie immer, wenn ich schöne Blumen wahrnehme, sind meine Gedanken bei meiner Frau, die sich so an Blumen erfreuen kann.

Ich muss leicht schmunzeln, als ich ein Taubenpärchen auf einer der kreuz und quer verlaufenden Stromleitungen von Anidri beim Liebesspiel ertappe. Mein Weg führt mich weiter zum Wasserverteiler des Dorfes, der sich seit 20 Jahren nicht verändert hat und jeden mitteleuropäischen Installateur wahrscheinlich in eine schwere Berufs- und Identitätskrise befördern würde. Von einem Gewirr aus Eisenrohren und Kupplungen gehen in alle Richtungen unzählige schwarze Schläuche ab, eine ganz eigenwillige Schlauch-Rohr-Wasserzähler-Skulptur am Straßenrand, scheinbar chaotisch, aber funktionierend. Dafür liebe ich dieses Land, für so viel Improvisiertes und gleichzeitig so viel Schönes. Ich bemerke, wie ich, vom Gesang der Vögel inspiriert, das Schöne immer mehr sehen kann und wie dieses Schöne meinen getriebenen Geist beruhigt.

Beim Anblick eines wunderbaren Gemüsegartens denke ich an meinen Sohn Niko, der als Gemüsebauer arbeitet, und fotografiere mit meinem inneren Fotoapparat die blühenden Zucchinipflanzen und Salatreihen. Das Schöne erfüllt mich noch mehr beim Durchwandern eines Olivengartens, und jetzt ist's gewiss, der Weg führt mich hinauf auf einen kleinen Berg mit seiner griechisch-orthodoxen Kapelle, die den Namen »Prophet Elias« trägt. In einer Art Garten, der mehr einer wilden Deponie gleicht, rostet ein VW-Bus vor sich hin, umgeben von wilden Anemonen. Beim Näherkommen eröffnen Hunde, die den VW-Bus bewohnen, lautes Gebell gegen den morgendlichen Störenfried. Der Weg zur Kapelle quert eine Schafweide, deren Zaun aus verbogenen Baustahlgittern besteht, und es bedarf großer Bedachtsamkeit, um in dem schon oft geflickten Zaungitter jene Einstiegsluke zu finden, durch die man gerade durchschlüpfen kann, ohne sich zu verletzen. Ich sehe und rieche wilden Salbei, Basilikum, eine Wiese voll mit gelben Blumen und bin ganz erfüllt von so viel Schönem, das immer deutlicher wird im anbrechenden Morgen.

Da ist ein Wasserbehälter, der undicht ist und Ziegen als Tränke dient. Ein steiler Anstieg hinauf zur Kapelle folgt, und auf einmal bin ich oben, lehne mich an die Apsis des Gebäudes und werde zum tief berührten Zeugen eines wunderbaren Sonnenaufgangs – über den kretischen Bergen kommt sie hervor, still, strahlend und schön, die ganze Welt täglich neu verzaubernd. Meine Augen sind geschlossen und ich spüre, wie die Sonne Licht in mein Gesicht zeichnet, mich sieht und erkennt, den vom Gesang der Amsel Gelockten.

In diesem Moment kann ich mich spüren wie schon lange nicht mehr, beginne spontan zu singen und empfinde tiefe Dankbarkeit für so viel Schönes, das mir täglich geschenkt ist, wirklich geschenkt. Da scheint die Sonne, sie scheint für mich, da singt eine kleine Amsel, sie singt für mich, ich musste nichts dazu tun, außer offen zu sein.

Vorbei war der Alptraum, mein Ärgernis. Der Flugversuch mit der Amsel als Starthilfe ist zu einem Flug geworden, der mich so mit mir in Verbindung gebracht hat, dass eine alte Verletzung wieder ein Stück heilen konnte und mir in Zukunft hoffentlich meinen Umgang mit dem Ignoranz-Vogel leichter macht, ich ihn besser fortschicken kann.

Was bleibt, ist eine neu gewonnene Leichtigkeit und der Sinn für das Schöne, das ich täglich leben und erleben will.

Danke, du kleine griechische Amsel!

Flugversuch Zeit

Ich bitte
um Zeit

Zeit
zu erleben
zu erlieben
zu verstehen
zu erfühlen

Zeit

Lebenszeit
zu lernen
für Entwicklung
zu genießen
für Begegnung

Zeit

für
zeitlose
Momente
des Glücks

Flugversuch zur Abschiedlichkeit

Das Thema meiner Endlichkeit stellt sich mir nicht zufällig, hatte ich doch erst vor wenigen Monaten einen Eingriff an meinem Herzen und damit auch an mir selbst erfahren und gelernt, wie deutlich unser Körper Signale setzen kann. Signale, die uns ein Stück bescheidener, heute würde ich sogar sagen demütiger, jedenfalls achtsamer mit unserem Lebensgeschenk und unserer Lebenszeit umgehen lassen. Sterben wird letztlich auch unser letzter Flugversuch sein, ein Flug, von dem wir nicht wissen, wohin er uns führen wird. »Sterben ist die letzte Überraschung, die das Leben für uns hat«, so hat mein kleiner Enkelsohn anlässlich des Abschiedes von seiner Urgroßmutter philosophiert.

Abschiedlich zu leben heißt nicht, jeden Augenblick ans Sterben zu denken, sondern vielmehr jeden Augenblick das Leben zu erleben und zu genießen, augenblicklich und in aller Fülle.

Der Flugversuch zur Abschiedlichkeit kann eine wertvolle Starthilfe sein, um dem Leben wieder Fülle zu schenken, indem wir das Lebensgeschenk bewusst annehmen. Abschiedlich zu leben bedeutet auch, jeden Tag, an dem wir wieder aufwachen, mit Freude und Dankbarkeit zu beginnen und bewusst mit uns selbst verbunden zu sein, mit allem Lebendigen, das uns umgibt. Das gilt für alle Lebewesen, für den kleinen Käfer, der soeben über meine schreibende Hand krabbelt, wie für das Wunder Mensch, das ich selbst bin und dem ich vielfach in vielen Wesen an diesem neuen Tag begegnen darf und (noch) kann.

Mich nach meiner Krankheitsgeschichte aus dem letzten

Jahr mit dem Thema der Abschiedlichkeit zu beschäftigen, lässt mich erstmals erspüren, was Franz von Assisi gemeint hat mit seinem Sonnengesang, mit seiner tiefen Wertschätzung für alle Geschöpfe. Als er diesen großen Gesang geschrieben hat, war er selbst schon schwer krank und gleichzeitig erfüllt von Dankbarkeit und fein verbunden mit allen Geschöpfen – ein lebender Liebender!

… Und wenn mein Herz jetzt zu schlagen aufhörte, dann will ich mit all meinen menschlichen Ecken und Kanten, mit all meinen Vögeln immer wieder versucht haben, ein Liebender zu sein. Nicht, weil es mir ein Moralkodex, eine Kirche oder irgendwelche »Ismen« vorschreiben, sondern aus mir heraus will ich jemand gewesen sein, der wohl gestimmt und frei als ein Liebender in den schönsten Begegnungen »abhebt«.

Genau das will ich auch einmal meinen Kindern und Kindeskindern hinterlassen, die Gewissheit, dass sie in jedem Moment ihres Lebens neue Flugversuche wagen können, Flugversuche in neue Begegnungsräume, Räume, in denen Wachstum und Heilung möglich sind, dass sie hier und jetzt, in jeder Phase ihres Lebens, entscheiden können, einen Lebens- und Liebesraum zu eröffnen und zu beleben, was zugleich die Voraussetzung ist, damit alte Wunden und Verletzungen heilen können.

Wenn wir dem Lebensraum ein kleines »i« hinzufügen, entsteht der Liebesraum – wir können diesen Raum jeden Tag erschaffen, erleben, erlieben.

Das Wesen des Lebens ist die permanente Veränderung, und diese Veränderung bedingt auch ständiges Loslassen, um Neues zu ermöglichen. Das umfassendste Loslassen, das auf uns alle zukommt, ist das eigene Sterben. Ich darf in vielen Sterbebegleitungen erleben, dass Menschen, die das Loslassen ein Leben lang geübt haben, auch im Sterben loslassen können und damit den Weg des Sterbens allen zurückbleibenden Lebenden in aller Klarheit vorleben, als unspektakuläres und doch so großes Hinübergleiten von einer Welt in die andere.

Übung zur Abschiedlichkeit

Im Sinne dieser Abschiedlichkeit lade ich Sie zu einer leicht »verrückten« Übung ein, wie ich sie manchmal mit Seminarteilnehmern durchführe. Bitte überlesen Sie nicht die nun folgende Anleitung und wagen Sie es für die Übung auch, das Buch wegzulegen und sich auf das folgende Experiment einzulassen. Sie benötigen dafür ein Blatt Papier, einen Stift, Ihren Körper und einen Schutzraum, und für jeden der folgenden drei Schritte empfehle ich Ihnen, dass Sie sich eine gute halbe Stunde Zeit schenken.

1. Schritt

Stellen Sie sich vor, Sie erhalten nach einer Untersuchung die alarmierende ärztliche Nachricht, dass Sie eine schwere Erkrankung haben, mit der Sie maximal noch drei Jahre Leben vor sich haben. Achten Sie darauf, während Sie sich auf die Übung einlassen, was alleine diese Aussage mit Ihrem Körper macht – vielleicht suchen Sie dafür Ihren Schutzraum auf, oder Sie gehen ungestört spazieren, um sich im Detail zu überlegen, wie Sie die Ihnen nun noch verbleibenden Jahre Ihres Lebens gestalten wollen, und was Ihnen da noch wichtig ist. Abschließend machen Sie sich Notizen und schreiben auf, was Ihnen wirklich am Herzen liegt für Ihre drei letzten Lebensjahre.

2. Schritt

Gut, dass Sie Ihre Drei-Jahres-Abschiedlichkeits-Übung gemacht haben. Es tut mir leid, ich habe mich vertan beim Schreiben, ein Fehler ist mir passiert! Sie haben nicht mehr drei Jahre zu leben, bitte lassen Sie sich auf die Übung nochmals ein – vielleicht ist gerade das heute Ihr Flugversuch, mir meine Unachtsamkeit zu verzeihen –, es sind nicht mehr drei Jahre, sondern nur mehr drei Monate! So habe ich es eigentlich gemeint! Machen Sie die gleiche Übung nochmals. Verwenden Sie jetzt die Rückseite des Zettels, um all das niederzuschreiben, was Sie noch vom Leben für die nächsten drei Monate erwarten, erleben wollen, und nehmen Sie sich dafür wieder ausreichend Zeit.

3. Schritt

… oder »aller guten Dinge sind drei«!

Leider habe ich mich wieder geirrt. Legen Sie das Buch wieder zur Seite, schenken Sie sich nochmals Raum und Zeit und geben Sie sich selbst eine Antwort, was zählt in Ihrem Leben und was wirklich wichtig und wesentlich ist, wenn Sie erfahren, dass Sie nur mehr drei Tage zu leben haben. Vielleicht brauchen Sie jetzt gar keinen Zettel mehr, vielleicht können Sie über Ihre To-do-Liste die Überschrift »Was soll's-Liste« setzen?

Drei Tage geschenkte Lebenszeit! Was zählt da?

Wenn Sie mit dieser Übung fertig sind, kann es sein, dass Sie sich über das Ergebnis mit einem sehr vertrauten Menschen austauschen wollen.

Wie lange noch?

hab ich Augen	zu sehen
	zu staunen
	zu fühlen
	zu lachen
	zu weinen

hab ich	
einen Mund	Gutes zu sagen
	weise zu schweigen
	Feines zu schmecken
	lustvoll zu küssen

hab ich Ohren	herzverbunden zu hören
	deine – eure Stimmen um mich
	Vogelgesang – Meeresrauschen
	Stille um mich

hab ich	
meine Nase	Vertrautes zu riechen
	Atmosphären aufsaugend
	Menschen und Tiere und ihre Gerüche
	geschnittenes Holz
	den Duft in der Küche

hab ich Hände	zu berühren
	zu halten
	zu helfen
	zu heilen

hab ich	
mein Herz	um mit allen Sinnen
	liebend zu leben?

Wie lange noch?

Wie gut, dass es hier nur um eine Übung geht, wie fein, dass Sie, ich, wir, mitten im Leben stehen und voller Kraft gestalten und lieben können, was wirklich zählt, was wesentlich ist, und dass wir auch die Freiheit haben, uns jeden Augenblick für einen neuen Flugversuch zu entscheiden.

Der Flugversuch zur Abschiedlichkeit bringt uns in die Lebendigkeit, ins Hier und Jetzt. Und erst in dieser Lebendigkeit, im gegenwärtigen Sein, ergeben sich Resonanzen, Beziehungen, ergibt sich jene Form von Verbundenheit, die Heilung und Wachstum ermöglicht.

Abschiedlich

In der Abschiedlichkeit

> *schmecke*
> *rieche*
> *höre*
> *sehe*
> *berühre ich*

Mich und dich

> *anders*
> *neu*
> *wie zum ersten Mal*
> *bewusst*
> *und*
> *dankbar*

Verabschieden – ein Flugversuch

Es ist eine Herausforderung
Sagst du
Nicht Angst
… und so wie's kommt
ist's gut
und du gehst all denen nach,
die vor dir schon gegangen sind
sagst du

Und dann erzählst du
Erinnertes von Rilke:

»Und doch ist Einer, welcher dieses Fallen
unendlich sanft in seinen Händen hält«

Weich ist deine Stimme
so wie die zarte Hand
Deine Hände, die
meine liebevoll
berühren

Danke, wie du uns vorlebst
nach einem reichen Leben
zu gehen
reich im Herzen
bereichernd
für viele Herzen
die du
hinterlässt

Verbundenheit oder: Beim Propheten Elias

Von meinem Schreibplatz im Adlerhorst hier in Südkreta kann ich in zirka 500 Metern Entfernung einen wunderschönen Hügel sehen, Olivenbäume, Buschwerk, Ziegen, und oben, auf dem Rücken des Hügels, eine kleine orthodoxe Kapelle, sie heißt »Zum Propheten Elias«. Immer wieder sehe ich Menschen, wie sie in der griechischen Sonne den Berg hinaufwandern, um dann längere Zeit oben im Schatten der Kapelle zu sitzen, manche zu zweit, viele alleine. Sie brechen auf, verlassen ihre gewohnte Umgebung, nehmen Weg und Anstrengung in Kauf, sie riskieren, sich zu verirren oder andere Überraschungen am Weg, um dann ein neues Ziel zu erreichen.

Ich stelle mir ein Paar vor, sie sind schon lange beisammen, haben beide schöne Berufe, große Kinder und haben sich einen Traum erfüllt, eine Reise zu zweit. Bewusst haben sie sich für einen Umfeldwechsel entschieden. Eine Woche fort von zuhause, Abschied vom Arbeits- und Leistungs-Vogel, sie haben auch den Sorgen-Vogel nicht mitgenommen im Fluggepäck, sie haben sich getraut, loszufliegen und ihre sehr vertrauten Vögel einmal bewusst zuhause zu lassen. Selbst der »Man muss doch gesehen haben«-Vogel durfte nicht mit, und so bereisen sie Kreta, ohne durch die Samaria-Schlucht zu laufen oder die Ausgrabungen auf Knossos zu sehen. Die beiden sind so mutig, dass sie alle To-do's und die damit verwandten Vögel zurücklassen. Ohne schlechtes Gewissen, aber dafür gut miteinander verbunden und ziemlich aufgeregt, haben sie sich eine Woche Auszeit erlaubt. Der Gesundheits-Vogel wurde beim Hausarzt gelassen, und so wundert es auch nicht, dass der Mann vergessen hat, seinen Pulsmesser und die Schwimmbrille einzupacken. Beim Buchen des Quartiers hat er sich noch vergewissert, dass es WLAN im Zimmer gibt, aber seine kluge, ihn wirklich liebende Frau hat ohne sein Wissen den Laptop zuhause wieder ausgepackt. Der Gestaltungs-Vogel hat wenigstens T-Shirts und Hosen, ein hübsches Kleid und Wanderschuhe eingepackt, und beim Check-in haben beide gestaunt, wie leicht ihr Koffer für Kreta war.

Am späten Nachmittag sind sie dann hinaufgewandert zum Propheten Elias, ziemlich frei von Vögeln, oder doch nicht? Der Genuss-Vogel und jener der Zweisamkeit haben sie begleitet, der Vogel der Werte und jener der Freude.

Während des Anstiegs zur Kapelle konnten sie trotz der Steilheit und Hitze gut miteinander reden und einander zuhören wie schon lange nicht. Und, endlich oben angekommen, sehe ich sie im Schatten der Kapelle sitzen. Er lehnt sich bei ihr an, sie genießen den kühlen Wind und einen wunderbaren Ausblick. Sie spüren ihre synchron atmenden, leicht verschwitzten Körper ganz nahe, die klare Luft und die Weite des libyschen Meeres vor sich.

»Es ist so schön, dass du da bist«, sagt er, sonnenbrillengeschützt, und dennoch entgeht ihr nicht seine Rührung. An ihren eigenen Tränen spürt sie seine hinter der Brille, und beide fühlen eine heilsame Stille, die sie umgibt. Ich sehe sie da sitzen und gleichzeitig fliegen, und ich glaube, die beiden fühlen das in diesem Moment auch. Ich kann die Kraft ihres gemeinsamen Fluges spüren und sie erfasst auch mich, einen dankbaren Beobachter.

Und ich stelle mir vor, die beiden haben gerade kein Handy mit oder das Ladekabel vergessen oder der Akku ist leer – der Dokumentations-Vogel (»Schau, das war der Sonnenuntergang auf Kreta!«) hat sich auf dieser wunderbaren Insel verabschiedet. So machen sie das wohl wichtigste Foto seit vielen Jahren. Sie fotografieren mit ihrer inneren Kamera – die hat wohl mit dem Herzen zu tun – den Moment, die Zeit ihrer Verbundenheit. Sie drücken innerlich ab und speichern das Bild in ihren Herzen und, so meine Erfahrung, schneller als jedes WhatsApp landet dieses Bild der miteinander verbundenen Eltern bei ihren Kindern und Kindeskindern, bei ihren Freunden. Sie brauchen es nicht einmal zu erzählen, denn sie sind das Bild in ihrer Verbundenheit – ein Geschenk des Propheten Elias.

Du bist da

Wenn ich mehr will
als möglich ist

Wenn ich mehr weiß
als gut ist

Wenn ich schneller sein will
als mir entspricht

Wenn meine vielen Pläne
meiner Zufriedenheit im Weg stehen

Wenn ich durch mein Getriebensein
laufend Menschen verpasse

dann bist du da
stellst dich mir in den Weg.
Dein Lächeln,
deine Hände,
dein
»Ich will, dass du mich jetzt
augenblicklich siehst«

Dann kann heilen
was treibt
Dann schmilzt der Druck

in der Begegnung
mit dir
und mir

Bitte

Schickt mir nicht
permanent Bilder
YouTube-Videos
WhatsApps
SMS und
Serienmails

> Ich erspüre
> ich sehe
> ich rieche
> ich schmecke
> ich ergreife
> und bin
> ergriffen
> von so vielem
> das täglich
> greifbar
> um mich ist
> und lebt

nicht noch mehr
von außen
unfassbar vieles
durch die Welt
Verschicktes

> Ich will
> erleben
> und erlieben
> was da
> und mir
> begreifbar
> gegenüber ist

Ich bitte um
euer Verständnis
dass mich
daran teilzuhaben
erfüllt

      Ich will
      Zeuge sein von
      Glück
      Trauer
      Freude-Momenten

Im Hier
und Jetzt
und das
ist genug

Ikarus oder:
Vom sicheren Landen

Jeder Flugversuch ist ein Risiko, birgt auch die Gefahr einer Bruchlandung, und doch haben fast alle Menschen diese große Sehnsucht nach dem »Abheben«, nach einem Flow oder Rausch, Sehnsucht nach Momenten »wie im siebenten Himmel«.

Ich sehe ihn vor mir, jenen Ikarus mit seiner Sehnsucht abzuheben, wie sorgsam er seinen Flug vorbereitet hat, mühevoll hat er das Gefieder mit Wachs verbunden, um sich große Schwingen zu bauen, die ihm helfen sollen, der Schwerkraft zu widerstehen und elegant von Kreta wegzuschweben. In der Mythologie will ja Ikarus mit seinem Vater aus der Gefangenschaft im Labyrinth des Minotaurus fliehen, und sie planen die Flucht auf dem Luftweg.

Dieser alte Mythos vom rettenden Flug übers Meer erinnert mich schmerzhaft an die brandaktuellen Fluchttragödien Tausender Menschen über das Mittelmeer mit kaputten Schiffen und skrupellosen Schleppern – mehr als zehntausend Ikarus-Menschen sind in den letzten Jahren im Mittelmeer ertrunken, auf der Flucht, ohne Aussicht auf einen Landeplatz.

Viele Menschen fühlen sich gefangen in ihrer Lebensrealität, gefangen in Krediten, die zurückzuzahlen sind, gefangen von Status-Vögeln, mit denen sie mehr scheinen wollen, als sie sind, und die das Leben anstrengend machen, gefangen in Familiendogmen, geprägt von ständiger Leistungsbereitschaft oder von Erfolgsdruck, dieser andauernden Gefangenschaft unserer Zeit.

Die Festung, in der wir eingesperrt sind, heißt »Druck-

und Erschöpfungsburg«, produziert Krankheiten, macht Menschen einsam, traurig und oft auch verführbar. Um aus dem Hamsterrad des täglichen Funktionierens auszubrechen, braucht es neue Ziele. Ikarus und Dädalus hatten ein Ziel: Weg aus diesem Gefängnis! Hinaus über das Meer in die Freiheit wollten sie aufbrechen, und sie sind es auch klug angegangen. Sie hatten gemeinsam den gleichen Traum, sie haben den gemeinsamen Flug, die Flucht, gut vorbereitet, sie haben sich Flügel gebaut und es gemeinsam riskiert, mit ausgebreiteten Schwingen von der Mauer zu springen.

Vorbereitet sein, ein Ziel definieren, einen Flugpartner suchen, ein gemeinsames Wagnis – das sind die wichtigen Voraussetzungen für einen guten Start. Das ist auch den beiden gut gelungen, begeistert sind Vater und Sohn über die Klippen aufs offene Meer hinausgeschwebt.

Doch kein Flug, kein Rausch, keine Verliebtheit, kein Höhenflug währt ewig. Für einen guten Flug braucht es auch Klarheit und die nötige Risikoeinschätzung. Dädalus, der Vater, warnt den übermütigen Sohn, nicht zu hoch zum Sonnenwagen zu fliegen, aber da ist es schon zu spät. Im Rausch der Begeisterung steigt der Sohn immer höher in die Lüfte, bis das Wachs schmilzt, das Gefieder sich auflöst und der Höhenflug, der Flug, mit dem er der Gefangenschaft entrinnen wollte, tödlich endet.

Viele kennen diesen Rausch, die Begeisterung, die Freude über das Wachstum, die vielen Möglichkeiten, die Freude, großzügig zu sein. Und auch ich kenne Situationen, in denen ich meine wichtigste Ressource, mein Fluggerät, meinen Körper, nicht mehr spüre, Signale nicht oder erst sehr spät wahrnehme. Ich habe immer wieder mit Menschen zu tun, die nach einem überlangen Höhenflug erschöpft ins Trudeln geraten, Beziehungskrisen oder Ängste, Krankheiten, Unfälle erleiden und im Sturzflug keinen Landeplatz mehr orten können, auch kein Notlandeprogramm und keinen Rettungsfallschirm zur Verfügung haben. Solche Sturzflüge sind nicht nur eine Zerreißprobe für die Ressource Körper, sondern auch für alle Mitfliegenden – Partner, Kinder, Freunde –, eben die zweitwichtigste Ressource, die wir haben: unsere Beziehungen.

Jeder simple Airbus braucht gut 45 Minuten, um aus dem Höhenflug heraus eine Landung so vorzubereiten, dass er pünktlich und sicher aufsetzen kann. Der richtige »descent«, der sorgsame »approach« sind eine große Herausforderung für jeden Piloten. Wie viel anspruchsvoller ist da der Landeanflug aus dem Höhenflug des Verliebtseins hin zu einer echt gelebten Liebesbeziehung! Wie groß ist die Kunst, im Rausch des Erfolges – geschäftlich, sportlich, künstlerisch – den richtigen Zeitpunkt für den »descent« zu finden, um eine elegante Landung, etwa zur Regeneration, hinzulegen!

Unser Körper gibt klare Signale, wann es reicht. Menschen um uns, die wir kennen und lieben, bemerken, wenn wir den Bogen so wie Ikarus überspannen, die Zeit reif ist, sich um einen soliden Landeplatz umzuschauen. Wer hindert uns daran, in der Metapher und auch im realen Leben, am nächsten Tag wieder neu zu starten? Ein Flugpartner ist dabei durchaus hilfreich, fürs Risiko, fürs gemeinsame Wahrnehmen, als liebevolle(r) FlugbegleiterIn, wenn es Turbulenzen gibt, oder für den zarten Hinweis, dass der Treibstoff zu Ende geht und es Zeit ist, neu zu tanken.

Flugrelevante Fragen

◆ Welche Signale sendet mein Körper?
◆ Wer ist mein bester Flugbegleiter?
◆ Wie sieht meine Landebasis aus?
◆ Habe ich genug Energie für eine meisterliche Landung?
◆ Was ist die Maximalhöhe für mein Flugobjekt?
◆ Bin ich ein Kunstflieger?
◆ Ein Sonnengleiter?
◆ Ein Segelflieger?
◆ Oder ein Düsenjet?
◆ Wie gut gefüllt sind meine Treibstofftanks?
◆ Was oder wer treibt mich?

- Und wohin fliege ich?
- Muss ich, will ich den Höhenflug täglich haben?
- Darf ich mir einen Landeplatz, eine Homebase suchen, auf der ich zufrieden sein kann?
- Wo ist mein Landeplatz?

Wie schön ist es doch, immer wieder abzuheben, sich zu lösen aus der alltäglichen Gefordertheit, um mit der nötigen Distanz von einigen Höhenmetern liebevoll lachend, nachdenklich, manchmal betroffen hinzuschauen, und aus dem Abstand heraus die nötigen Korrekturen vorzunehmen, um so manchen Schritt auf dem Boden wieder leichter und beschwingter gehen zu können.

Aber wie kommen wir zum »Takeoff«? Jeder Airbus-Pilot muss eine Fülle von Checks durchführen, bevor er endlich am Beginn der Startbahn sein »ready for takeoff« durchgeben kann. Alle Security Checks sind durchgeführt, die Tanks gefüllt, die Flugroute ist klar berechnet. Und dann geht es los, mit voller Kraft. Für uns Menschen ist das »ready for takeoff« um ein Vielfaches komplexer als für ein simples Flugzeug: Kann ich meine Kinder schon alleine lassen? Habe ich überhaupt genug Energie, um mit meinem Partner einen schönen Abend zu verbringen? Nein, ich kann gar nicht starten, ich habe ja noch einen Vortrag vorzubereiten … Ist meine Flugroute klar? Und wieder die Frage: Wer fliegt mit? Oft haben wir jede Menge Ausreden. Es sind die eigenen Vögel, die uns am Abheben hindern.

Der Allmachts-Vogel: »Das kann nur ich, da kann ich mich auf niemanden verlassen!«

Oder der Opfer-Vogel: »Macht es euch nur schön. Einer muss ja zuhause bleiben und die ganze Arbeit machen!«

Oder der Perfektions-Vogel: »Bevor ich nicht mit der Arbeit fertig bin, kann ich mit dir keinen schönen Abend gestalten!« (Leider wird der Perfektions-Vogel ja nie fertig.)

Oder der Angst-Vogel: »Nein, das ist mir viel zu gefährlich. Wir machen so weiter wie immer, nur keine Veränderung.«

Oder der Helfer-Vogel: »Was soll ich tun, wenn sich so viele Patienten anmelden oder wenn so viele Kunden mich brauchen? Ich muss ja für sie da sein.«

Oder der Leidens-Vogel: »Nein, mir ist alles zu viel, mir tut alles weh, es ist zu mühsam. Nur nicht fortgehen.«

Oder der Rückzugs-Vogel: »Ich will meine Ruhe, nicht schon wieder Leute um mich, ich brauche keinen Wirbel, das halte ich nicht aus.«

Bei Veränderungs- und Wachstumsprozessen sind wir immer auf das Du angewiesen, das Du des Partners, der Familie, des Freundes, der Therapeutin, weil gerade die eigenen Vögel so gut getarnt und so trickreich sind, dass wir sie selbst in ihrer Wirkung gar nicht wahrnehmen. Gemeinsam gelingt beides besser, die eigenen Vögel fliegen zu lassen und der eigene gute Flug, das »Takeoff« und die sichere Landung.

Flugermöglicher

Du beflügelst mich

Musik
Berührung
Bilder
Geschichten

beflügeln mich

Gesehen werden
Wertschätzung
Naturlandschaften
Bewegung
Träume
Verliebt sein

beflügelt mich

Dein Lachen
Kinder
Kindeskinder
singen
lebendige bunte Gemeinschaften

beflügeln mich

die aufgehende Sonne
jeder neue Tag
zu leben
und zu lieben

das alles beflügelt mich

mein Lebensgeschenk
täglich dankbar zu nehmen

Flugenten oder: Ein Tagtraum

Mit 130 km/h auf der Autobahn sehe ich Wildenten in Formation über einen Acker fliegen. Ganz kurz nur, und schon sind sie hinter mir. Im Rückspiegel kann ich sie leider nicht mehr sehen. Gerne würde ich am Waldrand stehen bleiben und beobachten, wie sie fein aufeinander abgestimmt in ihrem eleganten Formationsflug auf dem Weg zu ihrem gemeinsamen Ziel sind. Eine große Sehnsucht überkommt mich, während ich weiter dahinsause.

Das Bild, die Begegnung mit den Wildenten, wirkt in mir weiter: Unmerklich, aber doch, nimmt der Druck meines rechten Fußes auf dem Gaspedal ab, während ich darüber nachdenke, wohin sie wohl unterwegs sind, die Wildenten, und wie viele es waren in diesem eleganten Schwarm. Sie fliegen ja in Formation, um Kraft zu sparen, aerodynamisch gut aufgestellt, zufrieden dem gemeinsamen Ziel entgegen. Vermutlich fliegen sie in den Süden. Ich spüre gerade tiefe Sehnsucht in mir aufkommen, mitten auf der Autobahn, Sehnsucht, die jäh unterbrochen wird durch lautes Gehupe und hektisches Anblinken von einem erbosten Autofahrer mit dem Hinweis, mich mit meinem reduzierten Tempo gefälligst in die rechte Spur einzuordnen. Mich links überholend zeigt der von mir unabsichtlich ausgebremste Raser mir unmissverständlich den Vogel und als Draufgabe noch seinen Mittelfinger, nicht ahnend, dass er mir mit dem Zeigen des Vogels ganz schnell zu meinen Flugenten zurückhilft.

Ich spüre meine Sehnsucht, mitzufliegen, mittendrin im Wildentenzug, elegant über die hektische Westautobahn hinwegzuziehen in ruhigere Gefilde Richtung Südsteiermark oder Burgenland. Bilder von Wärme und Weite tauchen in mir auf und ich erlebe mich mittendrin in der Vogelschar, im gleichmäßigen Flügelschlag, unter mir rasende Menschen in Blechkisten mit Vogelzeichen und Mittelfinger.

Plötzlich bin ich selbst überrascht, ich werde wieder angehupt. Mein Tempo ist unbemerkt immer langsamer geworden, wie ferngesteuert setze ich bei nächster Gelegenheit den Blinker und verlasse die Autobahn. Auch die Bundesstraße eignet sich nicht für einen Flugentenformationsflug Richtung Süden. Und so zweige ich immer öfter ab, immer langsamer werdend, bis ich endlich auf einem Feldweg bin, an dessen Ende ein rot-weiß-roter Schranken mich zum Stehenbleiben zwingt. Zufrieden verlasse ich mein Auto, gehe einen Traktorweg entlang, der letztlich zum einspurigen Fußweg wird. Ich fliege mit den Wildenten und bewundere den reibungslosen, raschen Führungswechsel, staune, wie schnell uns wieder die Formation gelingt, ich mittendrin, muss nichts entscheiden, bin einfach dabei. Sie haben mich aufgenommen und ja gesagt zu mir. Mit meinen Fähigkeiten trage ich einen kleinen Teil zu diesem wunderbaren Flug bei.

Am Ende des Fußweges ist ein Hügel, weiches Gras, ich liege mittendrin und schaue in den Himmel, zufrieden und dankbar, dankbar den Flugenten! Heute ist mir ein Flugversuch gelungen, ich bin rechtzeitig abgefahren. Bin ich wirklich von der Autobahn abgefahren?

Ich könnte diesen Text auch »Ein Autobahntraum« nennen. Sie haben mich erwischt, die Flugenten, als ich, rasend auf der Autobahn, perfekt im Überlebensmuster unterwegs war, in einer Form von rasendem Stillstand! Der Rest war ein Tagtraum, in einer Welt, die so wenig Platz und Raum gibt, Tempo zu reduzieren und zu träumen.

Der scheinbar schwerelose Flug in schönster Formation hat mich »Einzelkämpfer« inspiriert, hat meine Sehnsucht danach angesprochen, in Leichtigkeit und konkurrenzfreier Kooperation und getragen in guter Gemeinschaft einem sinnvollen, gemeinsamen Ziel entgegenzusteuern.

Die Flugenten haben dem Einzelkämpfer einen Spiegel vorgehalten: Es geht gar nicht ums Kämpfen, schon gar nicht darum, alleine zu kämpfen, es geht um gemeinschaftliches Sein. Es geht darum, die Fähigkeiten des anderen sehend, würdigend und nutzend, einem gemeinsamen Ziel entgegenzufliegen.

Solche Momente, mit mir wichtigen Menschen erlebt, nenne ich spirituelle Momente, da gelingen Synergien, die kleine Vögel in großer Verbundenheit Tausende Kilometer zurücklegen lassen. Es gelingen auf diese Weise Momente, Sequenzen, ganze Leben, in denen Menschen zu Künstlern werden, Lebens- und Schaffenskünstlern, und Ungeahntes darf und wird dabei entstehen.

Leben

Ein lebend Liebender
Ein liebend Lebender
Jeden Tag neu

Dasein
Hinhören
Hineinspüren

In mich
In dich

Liebend leben

Bruchlandung und Aufbruch

Der kleine Rosenkäfer muss irgendwie in seiner Flugbahn irritiert worden sein. Vielleicht war es eine starke Windböe, jedenfalls ist er anstatt auf dem Rosenstock im Wasser gelandet. Als ich ihn entdecke, treibt er bewegungslos im Teich und ich vermute, dass er längst ertrunken ist. Vorsichtig will ich ihn herausfischen und bemerke, dass er sich mit den Beinchen an meinem Finger anklammert.

Zuerst vermute ich einen letzten Reflex des Käfers und setze ihn, so gut es geht, auf ein Blatt. Er ist so schwach, dass er gleich wieder auf dem Bauch liegt und alle seine Beinchen seitwärts wegrutschen. Gleich werden Ameisen kommen und sich an den toten Käfer heranmachen, denke ich und bin dann überrascht, als ich ganz kleine Bewegungen, zuerst an seinem Kopf, beobachte.

Nach seiner unfreiwilligen Bruchlandung im Wasser beginnt der Rosenkäfer mit einer ersten vorsichtigen Bestandsaufnahme, prüft, was noch alles ganz geblieben ist und was verletzt wurde. Mit dem kleinen Rüssel begutachtet er seine Vorderbeine, lässt sich viel Zeit, um sich dann damit vorsichtig aufzurichten. Dann beginnt er, größer werdende Kopfbewegungen zu machen, offenbar um vor Ort zu erkunden, in welchem Umfeld er nun gelandet ist. Im nächsten Schritt richtet er sich auch mit den Hinterbeinen auf, um dann vorsichtig die bis jetzt fest verschlossenen Flügel zu lockern, ein paar kleine Schritte noch, und jetzt, ich bin überrascht, kommt spürbar wieder Leben in den kleinen Käferkörper. Kurz danach hebt der Rosenkäfer mit lautem Gebrumm wie ein Helikopter ab, macht eine elegante Startrunde vor meinem erstaunten Gesicht und surrt knapp über der Teichoberfläche dahin, sein »Reset«, sein Neustart, ist gelungen.

»Hilflosigkeit ist der geeignetste Ausgangspunkt für Entdeckungen«, pflegte mein Freund und Lehrer Waldefried Pechtl zu sagen. In der Käferwelt war mein Finger ein konkretes Hilfsangebot, und der Rosenkäfer hat nicht gezögert, diese Hilfe anzunehmen.

Warum fällt es uns so schwer, um Hilfe zu bitten, »komm und hilf mir« zu sagen, ist es falscher Stolz, oder Scham? Alleine zu spüren, dass ich Hilfe benötige und das mitteilen zu können, ist ein Zeichen von Stärke.

Von mir selbst kenne ich das Verhalten gut, dass ich, wenn ich einmal falle, wirklich hinfalle, blitzschnell und vor allem alleine dafür sorge, wieder aufzustehen, mit allen Mitteln vermeidend, dass mir jemand aufhilft. Mir helfen zu lassen, so habe ich gelernt, ist schon ein Eingeständnis von Schwäche. Diese Zeilen schreibend, wundere ich mich, dass ich selbst in meinem Beruf als Arzt und Therapeut zu einem professionellen Helfer geworden bin. Heute, nach einigen Umwegen und nachdem ich es durch und mit meinem Körper gelernt habe, weiß ich, dass gerade das Erkennen und Zulassen der eigenen Hilflosigkeit, auch das Lernen, andere um Hilfe zu bitten, Voraussetzung ist, Menschen auch glaubhaft Hilfe anzubieten.

Der kleine Rosenkäfer, gerade mit dem Leben davongekommen, nimmt sich »Zeit zum Scheitern«. Wir Menschen haben sicher gehen gelernt, indem wir oft hingefallen sind. Fallen zu können ist eine wesentliche Voraussetzung, um stehen und gehen zu können. Und irgendwann dann, spätestens mit Beginn der Sozialisation durch unser Schulsystem, haben wir gelernt, wie schlimm das Fallen ist, haben gelernt, dass Fehler nicht sein dürfen – viele von uns haben Angst gehabt, in der Schule »durchzufallen«, eine Angst, die prägend für ein ganzes Menschenleben sein kann und eine Vielzahl von hemmenden Vögeln anlockt.

Als Arzt und mittlerweile auch aus meiner eigenen Geschichte als Patient habe ich gelernt, dass Scheitern und Fallen, zum Beispiel auch durch eine Erkrankung, ein ganz wesentlicher Teil von Lernen und Leben ist.

Wir können von dem Rosenkäfer lernen, uns Zeit dafür zu nehmen, in der Schwäche zu sein, Hilfe zu holen und anzunehmen, und erst durchzustarten, vielleicht anders und neu, wenn wir uns gut mit unserer jeweiligen Bruchlandung »auseinandergesetzt« haben, uns nach der Bruchlandung wieder »zusammengesetzt« haben, um wieder flugtauglich zu werden, oder aber auch um zu sagen: »Aufs Fliegen verzichte ich vorerst, jetzt will ich mich mit den Rosenblüten begnügen, die Bodenhaftung tut mir gerade sehr gut.«

Müde

Wie viele Grenzüberschreitungen
  muss ich jetzt
  wie lange
  nachschlafen
  aufholen
  nachspüren
  wiedergutmachen
  beenden

bis ich
munter und gestärkt
kraftvoll und zuversichtlich
mit Freude und Lust

mir selbst
wieder begegnen kann
und dir
und dem Leben?

Herzschaukel

es klopft so schnell
treibt den Getriebenen

langsam und
bewusst ausatmend

schaukelt mein Herz
vom Zwerchfell getragen

und immer dabei
sind sie
meine Herzmenschen

sanft geschaukelt
auf und ab
nehm ich sie mit

ganz langsam
beruhigt es sich
mein Herz

der Schatz ist
mitten drin
sanft und ruhig
auf und ab
tanzend

Dankbar

endlich
mit mir sein

ungeahntes
Tun

Mein Herz

Mein Herz

zeigt mir Grenzen auf
eröffnet mir Freiräume
führt mich in neue Welten

Mein Herz

bremst mich ein
stellt Weichen neu
ermöglicht Richtungen

Mein Herz

zeigt mir
meine Verletzlichkeit
stellt Herzverbindung her
zeigt mir meine Kostbarkeit

Mein Herz

bringt mich wieder in Verbindung
mit mir und dir

Mein Herz

mein Lebensbegleiter

Vier Minuten ganz da sein

Das Folgende ist kein Rezept, kann aber hilfreich sein, in unseren Alltagssituationen immer wieder, speziell in der Beziehung zur Partnerin, zum Partner, Resonanzräume zu schaffen. Es geht dabei darum, dem Partner/der Partnerin vier Mal während des Tagesgeschehens jeweils eine Minute volle Präsenz, volles Dasein, volle Zuwendung zu schenken. Das kann eine Umarmung sein, ein Halten, da braucht es keine Worte, natürlich auch keine Stopp-Uhr, sondern vielmehr ein Gefühl von »Es lässt mich dich halten, gemeinsam, miteinander verbunden, erleben wir wichtige Wendepunkte in unserem täglichen Sein.«

Aufwachen
miteinander aufwachen
hinrollen und drücken
gut, dass du da bist
ich halte dich
lass dich halten, bevor du in diesen Tag gehst
spüren – Haut auf Haut
aus dem Unbewussten des Schlafes gemeinsam bewusst in den Tag gehen

Was auch immer ich tue, wesentlich ist: Ich schenke dir eine Minute mein Dasein, um gemeinsam den Tag zu beginnen.

Verabschieden

ich bin jetzt beim Abschied ganz da
abschiedlich verabschieden
mein Segen für dich
schenk mir diese Minute Halt, für dich und mich,
bevor wir gehen,
dich einfach nochmal spüren

Nachhause kommen

gut, dass du da bist
wir spüren uns
halten uns nach einem Tag voller Haltung,
bei dir landen
du und ich – wir sind da

Gute Nacht

schlaf gut
aneinander wärmen
körperverbundener Tagesausklang
miteinander loslassen
gemeinsames Hinübergleiten in tiefem Vertrauen
ohne Worte – miteinander

Mit meinem Buch »Flugversuche« will ich niemanden veranlassen, irgendetwas auf eine To-do-Liste zu setzen. Mir geht es genau ums Gegenteil:

Nicht: »Wir umarmen einander viermal eine Minute pro Tag, weil da wer meint, das wäre gut für uns.«

Sondern: »Es umarmt uns« – »Ich halte dich (fest), weil mir danach ist und weil ich so fein mit dir in Verbindung bin, dass ich weiß und spüre, du kannst das jetzt gut zulassen und nehmen, wir spüren beide, was gut und was genug ist.«

Das Schöne an dieser Übung ist, dass es dafür keiner Worte bedarf, dafür zweier Körper, die einander voller Vorsicht und gut spürend halten, vielleicht auch umarmen.

Es geht nicht um absichtsvolles Tun, weil etwas gesund, tüchtig, gescheit ist oder von irgendjemandem vorgegeben wird.

Ich spiele nicht Gitarre, weil da ein Lehrer sagt, ich müsse einmal täglich eine Stunde üben: Das würde mich vielleicht irgendwann zu einem technisch exakten Gitarristen machen, aber bin ich damit schon ein Gitarrespieler? Vielleicht gilt es vielmehr, aus Freude zu spielen, weil »es mich Gitarre spielen lässt«, weil ich aus Liebe zur Gitarre spiele und vielleicht auch übe, nicht um den Lehrer zu begeistern, sondern aus Begeisterung für mein Gitarrespiel.

Darin wird für mich deutlich spürbar, was einen Künstler ausmacht. In jedem Menschen steckt ein Künstler, und genau darum geht es, die eigene Kunst zu entwickeln, zu erleben, die eigenen Höhenflüge der Lebenskunst zu erfliegen. Was wir aus echter Liebe tun, aus Liebe zu uns und zu den Menschen um uns, das ist Lebenskunst, so wie sie in jeder und jedem von uns steckt und gelebt werden will.

Ich bin nicht acht Stunden pro Woche in Bewegung, weil mir Ärzte sagen, das sei gesund für mich, sondern es bewegt mich so viele Stunden, wie es mir guttut, und ich lerne dabei immer besser wahrzunehmen, was mir guttut.

Ich ernähre mich nicht zwanghaft nach irgendwelchen Diätplänen, die man mir verordnen will, ich zähle auch die Kalorien nicht, auch nicht die Broteinheiten. Je mehr ich das Lebensgeschenk zu schätzen weiß, jeden Tag, den ich freudig erleben darf, umso feiner und achtsamer »ernährt es mich«. Ich weiß mittlerweile, wo, sogar manchmal von welchen Händen das Essen produziert wird, ich kenne die liebenden Hände, die das Essen zubereiten und kann so meine Ernährung erleben, losgelöst von ärztlichen Rezepten, Vorschriften und Geboten.

Ich gehe nicht zwanghaft um 22 Uhr ins Bett, weil schlafen gesund ist und weil es mein Immunsystem stärkt! Ich gehe ins Bett, weil ich spüre, wenn ich müde bin, »es mich müde werden lässt«. Ich zähle nicht, wie viele Stunden ich schlafe, sondern ich bin so dankbar, wenn ich in der Früh munter werde und mich auch wirklich munter fühle.

Unser Leben ist voll mit Vorschriften, Regeln, To-do's, und das alles in einem immer enger werdenden Zeitkorsett, sodass wir immer weniger spüren, was »es will« – das Leben, das in uns steckt. Ich will Ihnen mit diesem Buch keine Rezepte geben, was sinnvoll zu tun ist oder nicht zu tun ist, ich will Sie vielmehr bestärken, dass in Ihnen eine grandiose Künstlerin, ein grandioser Künstler steckt, die oder der alles zur Verfügung hat und weiß, was sie/er will.

Wie komme ich nun vom absichtsvollen »To-do« zu jenen Momenten, in denen »es mich umarmt«, »es mich Gitarre spielen lässt«, ich »es gut sein lassen kann«? Dafür habe ich kein Rezept. Ich selbst stelle mir immer vorsichtig Fragen, die ich mit Hirn und Herz zu beantworten versuche. Zunehmend erfahre ich, welch kluge Antworten mein Körper zu geben vermag, und achtsam lerne ich, ihm zu folgen. Stille und Meditation, Übungen im Da-Sein, sind für mich zu wichtigen Begleitern geworden.

◆ Ist das jetzt ein Rahmen, in dem ich gut, ganz da sein kann?
◆ Was braucht es, um dieser Person wieder offen begegnen zu können? Was brauche ich? Was braucht er/sie von mir?
◆ Wie kann ich jetzt für mich sorgen, um zu spüren, was ich wirklich will?
◆ Wie reagiert mein Körper, wenn ich mir diese Situation, jene Begegnung vorstelle?
◆ Warum gehe ich immer wieder in Lebenssituationen hinein, die mir Kraft und Energie rauben, die mir Herzklopfen verursachen, die mir die Atmung nehmen?
◆ Wonach sehne ich mich, um wieder meine Kraft und Freude und meine Freude an der Kraft zu spüren?

Gesund sein im umfassenden Sinn meint, zu jener Leichtigkeit im Leben zu finden, die uns uns selbst sein lässt, die uns dazu verhilft, unser jeweils einzigartiges Skript zu leben und in diese Welt hineinzulieben.

Es geht nicht um das »Du sollst« und »Du darfst nicht«, das uns zahllose Machtreligionen aufdrücken, die damit missbräuchlich Menschen manipulieren. Es geht um das »Du darfst, du kannst!«. Du beschenktes Wesen darfst leben und lieben, das ist dein täglicher Flugversuch! Wir sind alle eingeladen, in feinster Gestimmtheit, mit uns selbst und mit den Menschen um uns in tiefe Resonanz zu treten, das ermöglicht jene Leichtigkeit, die dem Leben auch immer wieder Höhenflüge schenkt.

… Und genau so waren die »Vier Minuten pro Tag« gemeint.

Außer mir

Ganz
außer mir
bewegte Hülle nur

da Körper
da ich
nebenher

so gehen wir
ein Außer Sich und
ein Körper

wir gehen
miteinander
aufeinander zu

im Gehen
begegnet
der Außer Sich
dem bewegten Körper

langsam gehend
rhythmisch schwingend
werden wir eins

Wieder in mir
entdecke ich den Weg

Lisa-Maria oder:
Die Flügel der Seele

Ich durfte Lisa-Maria 25 Jahre lang als Hausarzt begleiten. Von ihr habe ich viel gelernt. Sie war von Geburt an »schwer behindert« und hat mit ihren Handicaps doch so viel ermöglicht, in ihrer Familie und in ihrem Lebensraum, für viele, die sie kannten. Als sie dann mit 25 Jahren friedlich im Kreis ihrer Liebsten gestorben ist, habe ich ihr folgenden Text gewidmet – als Wertschätzung für sie, ihre Eltern, ihre Schwester und die ganze Familie. Wir Menschen können fliegen, auch wenn wir keine Flügel haben. Dort, wo Verbundenheit ist, gibt das Leben immer wieder eine Antwort. Ich bin ein dankbar Staunender, was miteinander verbundene Menschen in einer oft so zerrissenen Welt ermöglichen.

Danke, Lisa-Maria!

Lisa-Maria

25 Jahre jung warst du
und hast intensiv gelebt.
Von Anfang an waren sie bei dir,
deine Eltern und deine Schwester.

Du bist ein geliebtes Kind
mit all deinen Handicaps.
Gesund geliebt,
so, dass du uns
mit deiner schweren Behinderung
etwas ganz Gesundes vorgelebt hast.

162

Zu kommen,
in Verbindung sein
und menschenwürdig zu gehen.
Ich habe große Wertschätzung
für dich, Lisa-Maria!

Als Hausarzt durfte ich dich
in deinem Leben begleiten
und auch beim Sterben.

Ich bin Zeuge dafür,
dass du ein geliebtes Menschenwesen warst
und dass du Spuren gezogen hast in deinem Leben.
In deinem Sein hast du vielen vieles ermöglicht
und durften viele, auch ich, von dir lernen.

Dir zu begegnen, hieß
Tempo reduzieren,
Achtsamkeit und einfühlen,
mitfühlen und hinhören
und immer wieder versuchen
zu verstehen.

Du Lehrmeisterin Lisa-Maria!
Danke für das, was du uns gelehrt hast,
Einfühlung und Mitgefühl,
das Wichtigste, was es braucht,
                        was wir Menschen brauchen,
um zu leben.

Lisa-Maria,
wenn du auch nie sprechen konntest,
                        so hattest du doch viel zu sagen.
Du hast Verbindung geschaffen
mit deinen großen Augen
und vielen kleinen Bewegungen

und immer wieder Bewegtheit um dich
und durch dich ermöglicht.

Deine Eltern und Theresa
haben dir ein Nest geschaffen,
in dem du dein Leben leben konntest
und auch würdig beenden.

Sie haben dich losgelassen,
und du gehst deinen Weg,
obwohl du nie gehen konntest.
Du stille, präsente, kleine Frau
mit großen Augen!

Treue und Liebe und dein Tempo,
das haben sie mit dir gelebt und geliebt,
deine Eltern und deine Schwester.
Du hast es zurückgeliebt,
in sie hinein,
und wirst weiterleben, in dem,
was du an Liebe ermöglicht hast.

Jetzt bist du bekleidet
mit einem Schmetterlingshemdchen deiner Schwester.
Viele bunte Schmetterlinge!
Sie werden wieder fliegen
im Frühling!

Und jeder dieser Schmetterlinge
wird ein Gruß sein
von dir.
Befreite fliegende Seele,
feiernd und feiernd im Fluge.

Und uns – Lisa-Maria –
werden diese Schmetterlinge Mut machen

164

zu leben,
in Bescheidenheit,
in Stille,
in Achtsamkeit,
verbunden,
einfühlsam,
mit Gefühl.

Danke dafür!
Lisa-Maria, wir fliegen mit dir!

Sanft

Von dir
besänftigt
wage ich

sanftmütig und
mutig

meine Sanftheit
zu leben

Fridolin, der Herzensöffner

Mein Enkelsohn Fridolin ist ein Herzensöffner, wenn er lachend auf mich zukommt, oder auch tieftraurig. Er kann mich wie nur wenige Menschen sofort in seine Welt einladen. Gleich lache ich mit ihm oder bin mit ihm traurig. Er und ich, wir können starten, fliegen und landen, wir können einander zuhören und verstehen, wir fühlen, was der andere fühlt, und wir können uns so in unseren Welten abholen und Kraft und Entspannung geben und schenken.

Wir sind auch sehr großzügig miteinander. Wir beide, der Opa und der Enkelsohn, naschen gerne und lieben das Essen, wir können sehr achtsam alles teilen, was es am übervollen Tisch gibt, weil wir so herzverwandt sind, unsere Sehnsüchte oft so ähnlich sind und wir sie aneinander spüren. Mit ihm beisammen zu sein, ist ein Fest. Ich muss ihn nicht erziehen, und er muss mir nicht folgen. Wir sind so fein in Verbindung, dass wir einander hören, auch wenn wir es ohne Worte sagen.

Fridolin, du kleiner, weiser, vierjähriger Bursche! Du bist mir ein Begleiter, mit dir lebe und lerne ich gerne und bin so dankbar, dass du mit deinen Geschwistern, Eltern und uns den Lebensraum teilst, in dem du aufwächst. Wir sehen einander wachsen, lernen und auch älter werden, du deinen Opa und ich dich, meinen Enkelsohn.

Ich erzähle jetzt eine Geschichte von uns beiden und als Dank verspreche ich, dass ich dich nächste Woche vom Kindergarten abholen werde, was du dir schon lange wünschst. Dann schaue ich mir deine Kindergartenwelt genau an, in die du derzeit nicht so gerne gehst. Und dann fahren wir mit dem Rad weiter und ich zeige dir meine Ordinationswelt, in der ich seit über 25 Jahren arbeite, eine Welt, in der ich viel Lebenszeit verbringe, zu der du oft sagst: »Heute lass ich dich nicht in die Ordi, bleib bei mir!«

Du kleiner Zauberer, alleine an dich zu denken, dir zu schreiben, lässt mich fliegen – zu dir, der sich so mit Leib und Seele freuen kann. Dich so zu erleben, lässt so vieles heilen, was in meiner Geschichte ganz anders verlaufen ist. Du hilfst mir, so manchen »Vogel« aus meiner Geschichte fliegen zu lassen, du lebst es mir vor, du lebst das mit mir – danke dafür.

Und jetzt die Geschichte:

Ich komme von einem dreitägigen Seminar nachhause, und beim Betreten des Hofes erwischt mich Fridolin, der gerade in der Sandkiste spielt. »Georg, komm zu mir in die Sandkiste, ich koche dir einen Kaffee«, ruft er, der Herzensöffner. »Genau das brauche ich jetzt«, sage ich ihm und verspreche ihm, ganz bei ihm zu sein. Ich kann gar nicht Nein sagen, sondern sitze Sekunden später in meinem Seminaroutfit bei ihm in der Sandkiste. Gemeinsam diskutieren wir, während wir Sand und Wasser vermischen, ob es ein Espresso oder doch ein Latte Macchiato mit Schaum wird. Frido ist hundertprozentig bei der Sache. Er backt mir noch einen Kuchen und verziert ihn mit Gänseblümchen, als plötzlich mein Handy läutet und mich jäh aus der Kaffeehausverbundenheit mit Frido herausreißt. Am Display sehe ich den Namen jener Personalmanagerin, für deren Mitarbeiter ich dieses dreitägige Seminar gehalten habe, und automatisch drücke ich auf den grünen Knopf, obwohl doch jetzt alles rot blinken sollte. Mit zwei Fragen holt mich die Managerin zurück in den Seminarprozess, und ich wechsle hinüber in eine komplett andere Welt. Wir analysieren via Telefon die drei Tage, besprechen Gelungenes und Widerstände, und genau in diesem Moment rinnt ein wunderbarer Latte Macchiato über meinen Kopf, mein Hemd, mein Handy! Frido steht vor mir, seine Augen schauen mich unsicher und verwirrt an: »Georg, da ist dein Kaffee«, sagt er, »und einen Kuchen hab ich auch für dich!«

Ohne mich zu verabschieden, drücke ich jetzt endlich auf den roten Knopf und wir fallen einander in die Arme. Fridos Latte Macchiato hat mich hellwach gemacht – ein Riesengeschenk! Ihn umarmend, spüre ich im Zwischenraum meine drei längst erwachsenen Kinder, die sich solche Sandkistenszenen mit ihrem Vater vor zwanzig Jahren sicher auch gewünscht hätten, und ich denke auch an meine eigenen Sandkistenzeiten, doch meinen Vater habe ich nie in der Sandkiste erlebt.

Frido, du wolltest mit mir fliegen. Wir sind geflogen in der Sandkiste, du und ich, und dann habe ich dich auf einmal nicht mehr gesehen, ignoriert, weggeschaut, mit irgendwem telefoniert, während du für mich Kaffee gekocht und Kuchen gebacken hast. Danke, dass du so gesund und klar reagierst und die Störung unseres Fluges in deiner Sprache ansprichst. Ich weiß, wie viel Krankheit entstehen kann, weil Menschen verlernt haben, Irritationen, Störungen, Ignoranz anzusprechen. Du kannst es, behalte es dir, kleiner lieber Enkelsohn. Es muss ja nicht immer ein Latte Macchiato sein, den du mir in Form von Sandkistengatsch über den Anzug schüttest!

Und nächste Woche hole ich dich vom Kindergarten ab, ganz gewiss hab ich mein Handy dann auf Flugmodus und wir zwei werden wieder fliegen.

Getrieben

bin ich
über dich
an dir vorbei
neben dir
von dir weg
gegangen

Du bist da
schaust mich an
lachend
liebend
siehst du mich

der neue Antrieb
heißt Liebe
und ruht
wohltuend in mir

169

Metamorphose

Beim Flug über den Teich hat die Libelle ihre Eier abgeworfen, geschützt in der Eihaut kann sie reifen, die Larve, und wachsen, um durch das Teichwasser zu schwimmen, mit ordentlichem Fresswerkzeug ausgestattet auf der ständigen Suche nach Futter, um weiterzuwachsen. Sie ist ständig hungrig, die kleine Larve, mit der festen Bestimmung, alles, was fressbar ist, aufzunehmen, um an Größe zuzulegen.

Sabine wurde in eine Nachkriegsfamilie geboren. Die Eltern haben mit viel Arbeit und Leistung versucht, ihre Kriegstraumata zu bewältigen, und mit unermesslichem Eifer vieles geschaffen, in der besten Absicht, ihren Kindern ein schöneres und sichereres Zuhause zu ermöglichen, als sie es gehabt haben.

»Dir soll es einmal besser gehen«: Das war ein Satz, den Sabine in ihrer Kindheit oft gehört hat, und: »Was uns nicht umbringt, das macht uns noch härter«! Und so hat sie gelernt, viel gelernt, hat Prüfungen gemacht, war fleißig, sehr fleißig, immer getrieben von »Es könnte noch besser sein!«, sie hat vor allem gut zu funktionieren gelernt.

Auch ihre Beziehungen wurden nach der ersten Verliebtheit immer wieder sehr schnell »funktionale Beziehungen«. So dann auch in der Schwangerschaft und letztlich in ihrer Aufgabe als Mutter – wieder hat sie funktioniert, viel Anstrengung, gute Lernerfolge ihrer Kinder, das Haus ist gebaut, beide Eltern haben einen super Job, es funktioniert scheinbar alles in Sabines Familie. Sie haben ein funktionales Nebeneinander, alles ist perfekt, aber immer lebloser.

Und dann der »Supergau«! Aus einer unmissverständlichen
SMS-Botschaft am Handy ihres Mannes erfährt Sabine von einer heimlichen Geliebten. Mit Sabine lebt ihr Mann ein funktionales, mit der anderen ein Liebesleben. Sie ist schockiert,
erstarrt, verletzt! Allein erziehend funktioniert sie nach der
Trennung weiter, denn alleine hat sie noch mehr Kontrolle
und muss noch mehr leisten, sie macht weitere Prüfungen
und bleibt weiter in der Funktion, das alles nur, um ihre tiefen Gefühle nicht zuzulassen. Ein Kreislauf scheint sich da
zu wiederholen.

*Nach einer langen Wanderschaft verlässt die Larve ihr gewohn-
tes Medium und lässt sich an einem Schilfblatt nieder. Sie sorgt
für guten Halt auf dem Blatt. Ihr ganzer Körper beginnt zu pulsieren, es wird immer enger in der Larvenhülle und das Pulsieren immer kräftiger. Und da – ein kleiner Riss in ihrem Nacken,
eine Lücke im Chitinpanzer, der sich langsam öffnet, verstärktes
Pulsieren. Der kleinen, dick gefressenen Larve wird es zu eng in
ihrem Körper, ihre Bestimmung ist es auch nicht, Larve zu bleiben, sie geht den ihr vorgegebenen Weg – ihren Entwicklungs-
weg –, die Hülle der Larve wird bleiben, etwas Neues darf und
wird entstehen. Das Programm dafür steckt zu hundert Prozent
in der Larve. Die Atmung wird verstärkt. Zarte, kontinuierliche
Bewegungen, ein Kopf wird geboren, der Körper kommt nach,
verwunderlich, wie viel Gestalt sich aus der kleinen, starren Larve entwickeln kann, und da, schon sichtbar, zwei vorerst noch
verschrumpelt anmutende Flugelansatze. Jetzt hangt dieses noch
so fragile Geschöpf mit dem Kopf nach unten, um sich – stetig
wachsend – aufzubäumen, mit den feingliedrigen Beinen an der
Larvenhülle festzuhalten und letztlich auch den Schwanzteil eines langen, eleganten Libellenkörpers aus der Larve zu ziehen.
Wieder vergeht Zeit, und langsam entfalten sich vier feinste Li-
bellenflügel, spannen sich im Raum auf, um nach einiger Zeit des
Trocknens und der Feinjustierung mit einem leisen Vibrieren den
ersten Flug vorzubereiten.*

In der Starre und in der Enge des Funktionierens gelingt Sabine in einem Moment, in dem sie nicht mehr weiter weiß, in einer Erschöpfung, in der alle ihre Überlebensmuster nicht mehr greifen, ein ganz bedeutsamer und für ihr weiteres Leben wesentlicher Schritt: Sie gesteht sich ihre eigene Hilflosigkeit ein und vertraut sich erstmals mit ihrer ganzen Verletztheit und Traurigkeit und Wut einer Freundin an. Sie nimmt – immer stärker pulsierend – diese Gefühle in ihrem Körper wahr und erlaubt sich auch, diese zu zeigen. Sabine ist in ihrem funktionalen Leben an einem Punkt angelangt, an dem sie nicht mehr weiter kann und auch nicht will. Unmissverständlich zeigt ihr Körper mit einer Fülle von Beschwerden und Symptomen, dass ihr Lebenskonzept, ihr Lebensweg einer Korrektur bedarf.

Die während ihres bisherigen Lebens lange aufgestauten, nicht zugelassenen Gefühle lösen ein wahres Chaos in ihrem Körper aus. Das Gespräch mit ihrer Freundin oder vielmehr das Halten von Sabines Gefühlen durch ihre Freundin und auch regelmäßige Meditationsübungen begleiten Sabines Wandlungsprozess. Dieser Prozess braucht Zeit, Geduld und viele Begegnungen der erwachsenen Sabine mit jener kleinen Sabine, die in ihrer Ursprungsfamilie gut zu funktionieren gelernt hat, aber nicht in ihren Bedürfnissen, sondern vor allem in ihren Leistungen gesehen wurde.

Einige Menschen in ihrem Umfeld muss Sabine auch enttäuschen, weil sie selbst auch nicht mehr täuschen will, weder sich noch andere.

Schritt für Schritt kann auch der Körper dieser inneren Metamorphose von Sabine folgen. Ihr Gesicht wird weicher, ihr Oberkörper aufgerichteter, chronische Nackenverspannungen lösen sich, ihre eingeschlafenen Hände entkrampfen sich, der entzündete Darm heilt und mit dem Ausheilen der Entzündungen füllen sich neue Energiespeicher in ihrem Körper, nicht jene Speicher, die wieder Funktion ermöglichen, sondern Energiespeicher für ihr Leben, für ein buntes Leben.

In dem Maße, wie Sabine ihre Gefühle wahrnehmen und annehmen kann, wie sie auch mit ihrem Körper und seinen Signalen liebevoll in Verbindung geht, merkt sie, dass sich in der Beziehung zu ihren Kindern ganz Wesentliches verändert. Sie kann ihre Kinder ganz plötzlich ganz anders wahrnehmen, deren Gefühle verstehen und auch zulassen, sie entdeckt eine neue Lebendigkeit und Verbindung zu ihnen, aber auch zu anderen Menschen in ihrem Leben. Sie bemerkt, wie sie alte, destruktive Muster nicht mehr zulässt und was ihre Klarheit auch bei anderen auslöst, und sie staunt immer öfter, wenn sie diese Frau, die sie täglich im Spiegel neu entdeckt, immer liebevoller anlächeln kann.

Sie kommt zunehmend mit ihrem Körper in Kontakt und damit auch mit ihren Bedürfnissen, und langsam erlaubt sie sich, ein »Dürfen« in ihrem Leben zuzulassen.

◆ Ich darf um Hilfe bitten.
◆ Ich darf auch schwach sein, und ich kann meine Gefühle dazu wahrnehmen, annehmen, benennen und mitteilen.
◆ Ich darf meine Gefühle mit anderen Menschen teilen.
◆ Ich darf für Momente der Stille, der Regeneration in meinem Leben sorgen.
◆ Ich darf Stopp sagen, wenn Menschen bei mir Grenzen überschreiten.
◆ Ich darf mich selbst als liebenswerte und liebevolle Frau sehen, ganz unabhängig von dem, was ich leiste, ganz einfach, weil ich Sabine bin.
◆ Ich darf mir meine Sehnsucht nach Nähe und Verbundenheit eingestehen und sie auch formulieren, und ich darf für Landeplätze sorgen in meinem Leben, Landeplätze für Menschen, die mir guttun.

Mit jedem »Dürfen« und Eingestehen ihrer Bedürfnisse wird Sabine lebendiger. Sie kann das Schöne in sich und an sich sehen und erkennen und sich an ihrer zunehmenden Buntheit und Schönheit erfreuen.

… Die Flügel sind getrocknet, der Libellenkörper streckt sich in voller Pracht, vorsichtig wiegt die Libelle ihren Kopf, noch immer ist die kräftige Pulsation in ihrem Körper zu sehen, der zunehmend schöne Libellenfarben entwickelt, und schon vibrieren vier zart seidene Flügel – ein letzter Test vor dem Starten –, und mit einem leisen Surren schwebt sie über der verlassenen Larve, um dann himmelwärts aufzusteigen, ein Jungfernflug, mit so viel Perfektion, als hätte sie schon Tausende Flugstunden absolviert. Alle Kunst zu fliegen hatte schon in der kleinen, dicken Larve gesteckt, und jetzt setzt eine ganz wunderbare Libelle zum ersten Flug über den Teich an. Nicht auszudenken, was sie da alles entdecken wird: Seerosen, Schilfhalme, glänzende Wasseroberflächen, in denen sich die Sonne spiegelt, und ganz sicher wird sie auch andere Libellen entdecken, schöne und bunte. Ihr Blick wird diesen gelten und nicht irgendwelchen Larven, die irgendwo herumkrabbeln, sie wird sich am Bunten und Zarten orientieren, das sich an der lebendigen Teichoberfläche tummelt und fliegt. Sie wird sich bald paaren und, mit ihrem Partner verbunden, sicher einige Runden über dem Teich drehen, und – irgendwann dann – wird sie bei einem ihrer Flüge Eier abwerfen, die gut im Teich landen, und ein neuer Lebensweg hat längst begonnen.

Nichts tun

Vertrauend
Da sein

berührbar

sehen
riechen
schmecken
hören

und
zauberhafte Kräfte
erfassen
erfüllen mich

zaghaft
zeichnet sich

ein neues
Lebensbild

von mir
für mich
und dich

Georgia und Nektarios: Verbundenheit und Heilung

Es ist für heuer unser letzter Abend auf der Insel. Unsere Freunde Georgia und Nektarios haben uns in ihr kleines Dorf in den Bergen oberhalb von Paleochora eingeladen. Beide haben eine intensive Sommersaison hinter sich. Nektarios hat täglich neun Stunden am Strand gearbeitet, Georgia seit April täglich zehn Stunden für Touristen aus ganz Europa gekocht. Es ist der erste freie Abend, den die beiden haben, und wir dürfen ihre Gäste sein. Vor zwei Jahren waren die beiden unsere Gäste in unserem kleinen Waldviertler Dorf, und ich erinnere mich, mit wie viel Freude wir unsere griechischen Freunde zuhause aufgenommen haben.

Bei unserer Ankunft in dem kleinen Bergdorf bemerken wir viele leer stehende, zum Teil halb verfallene Häuser, aber uns fällt auch eine wunderbar sauber restaurierte Kapelle mit einem großen Friedhof auf. Außer unseren Freunden wohnt nur noch ein zweites Paar hier in dem Dorf, das im letzten Jahrhundert noch reichlich bewirtschaftet wurde. Georgia kommt uns zu Fuß entgegen, längst hat sie uns entdeckt, wie wir uns über die unzähligen Kurven der Bergstraße hinaufbewegt haben. Zur Begrüßung streckt uns Nektarios seine Hand mit frisch gepflücktem Bergsalbei entgegen – eine herzliche Umarmung, und dann drängen die beiden, loszugehen, aber nicht in ihr Haus oder zum Essen. Mit der Aufgeregtheit eines kleinen Kindes führt uns Nektarios mit seiner Partnerin durch sein Land. Über einen steilen Fußweg klettern wir hinauf auf die erste Anhöhe – am Weg zeigt er uns kleine, wilde Orchideen, Birnbäume, die er frisch veredelt hat, wir kosten kleine, wilde Birnen und schon bekommen wir Oregano, Thymian und Majoran zu riechen. Der begeisterte Nektarios treibt uns weiter hinauf auf den Berg. »This is my land, the house of my parents and grandparents.«

Wir erklimmen eine Hochebene, und meine Frau und ich glauben, im Paradies gelandet zu sein. Sichtlich bewegt und voller Stolz führt uns Nektarios durch dieses wunderbare Land. »This place we share only with people that we really love!«, sagt Georgia, und gemeinsam betreten wir eine grüne Hochebene, in deren Mitte ein großer, schutzgebender, uralter Birnbaum steht. Während Nektarios für uns Birnen und wilde Pilze erntet, lehne ich an dem kräftigen Baumstamm und nehme dankbar die Fülle dieser Landschaft und den Frieden dieses Baumes in mir auf. Eingerahmt ist dieser paradiesische Ort von endlos langen Steinmauern, die viele Generationen aufgeschichtet haben. Nektarios zeigt uns eine Quelle, die das Land hier speist, und führt uns dann zu einem Aussichtspunkt, von dem aus wir den südwestlichen Teil Kretas, von der Insel Gavdos über Paleochora bis zur Insel Elaphonisi, überblicken können. Jetzt sitzen die beiden strahlend auf einem Felsen und erklären uns glücklich bewegt: »And this is our throne« – »und ihr seid die Könige«, ergänze ich. Nein, sagt Nektarios, wir sind nicht Könige, aber wir sind glückliche Menschen.

Die Wirtschaftskrise hat ihn nach vielen Jahren als Sales-Manager wieder zurückgeführt zu seinen familiären Wurzeln, in das kleine Bergdorf, in dem er nun mit Georgia schrittweise ein neues Zuhause einrichtet. Auf dem Weg zurück zu seinem Haus zeigt uns Nektarios eine Höhle, in die er noch heuer eine kleine Kapelle für seine schon verstorbene Mutter bauen will. Dann bietet er uns an: Wir können gerne ein Stück von seinem Land gestalten, er stellt es uns zur Verfügung! Sein Traum, so sagt er, ist es, Menschen unterschiedlichster Nationalitäten, die ihm wichtig sind, kleine Teile seines großen Berglandes zur Gestaltung anzubieten, »nicht zu nahe neben unserem Haus«, ergänzt er noch, »aber wir haben hier genug, um zu teilen«. Meine Frau und ich folgen, sprachlos und tief bewegt ob des großzügigen Angebotes, unseren Freunden durch ihren Garten, ein Blumenparadies an einem steilen Berghang, zu ihrem kleinen Haus, das sie liebevoll schrittweise restaurieren.

Und dann übernimmt Georgia, unsere langjährige griechische Freundin, eine begnadete Köchin, mit viel Liebe die weitere Führung. In ihrer neu eingerichteten Küche nehmen wir Platz und werden in grandioser Gastfreundschaft mehrere Stunden mit kulinarischen Köstlichkeiten in vielen Gängen, und darin immer verpackt viel Liebe, überschüttet.

Irgendwann an diesem für uns so besonderen Abend werde ich still, und erfüllt genießen wir den gemeinsamen Raum unserer Begegnung. Vier Augenpaare, vier Menschen begegnen einander, und wir schenken uns Kraft, wir sehen einander, wir spüren uns, und ich kann so stark wie schon lange nicht mehr erfahren, wie Verbindung heilen kann. Nach diesen Momenten dankbarer Stille und tiefer Begegnung sage ich zu unseren Freunden, dass ich immer wieder berührt bin, mit wie viel Offenheit und Gastfreundschaft wir Österreicher oder Deutschen hier in Kreta begrüßt werden, wir, geboren in den Sechziger-/Siebzigerjahren, die zweite Generation nach der Kriegsgeneration. Ich habe mit meiner Frau die wunderbare Agia Irini – die Friedensschlucht – durchwandert, und beim Eingang der Schlucht steht ein Mahnmal, das auf den Abtransport von hundertdreißig Menschen aus Südkreta direkt nach Mauthausen hinweist und dieses Verbrechen dokumentiert. In jedem Dorf Kretas hat dieser Krieg tiefe Spuren hinterlassen.

Nektarios erzählt uns, dass sein Vater im Alter von siebzehn Jahren das Land gegen die Deutschen verteidigt hat. Georgia ergänzt, dass auch ihr Vater sein Land gegen die Invasoren verteidigen musste, und als die Besatzungsmächte abgezogen sind, haben sie noch die Olivenbäume angezündet und die Tiere erschossen. Ich wiederum erzähle, dass mein Vater, ebenfalls mit siebzehn Jahren, als Österreicher in dieser deutschen Armee gekämpft hat. Wir staunen, wie wir beisammen sein und uns beschenken können, wissend um die Geschichten unserer Väter und Großväter, unserer Mütter und Großmütter.

»Ich habe schon im Bauch meiner Mutter kochen gelernt«, erzählt Georgia lachend, und Nektarios ergänzt, dass er alles Wissen über Baumschnitt, Olivenproduktion und unzählige Kräuter von seinem Vater gelernt hat.

Uns vieren ist klar, dass wir nicht verantwortlich sind für die Geschichte, für das, was unsere Vorgenerationen erlebt, getan und erlitten haben, aber es ist in der kleinen Küche im kretischen Bergdorf auch spürbar, dass jeder von uns ein Stück dieser Geschichte mit sich trägt. Wir können an diesem Abend auch alle vier spüren, wie wir das von unseren Eltern in uns Hineingeliebte immer behalten und wertschätzen, weiterleben und weiterlieben wollen.

Ganz gewiss hat dieser grauenvolle, unsinnige Krieg bei den Kindern und Kindeskindern auf der Opferseite ganz viele Spuren hinterlassen und wird auch noch einige Generationen nachwirken, wie auch in der Generationenfolge der Täter. Was für ein Geschenk, wenn schon in der zweiten und dritten Generation solche Abende möglich sind, wie sie uns vieren gelingen. Beim Verabschieden, beschenkt mit Georgias Kochbuch, mit Kräutern und Olivenöl, verspreche ich meinem Freund, dass ich ihm im nächsten Jahr einen Tag beim Bau der Kapelle helfen werde. Wieder gibt es Umarmungen.

»Kalo taxidi«, gute Reise, wünschen sie uns noch, und reich beschenkt, tief berührt, heute sage ich beflügelt, reisen wir ab, erfüllt von einer Begegnung, die nicht in der Schuld und im Schrecken der Vergangenheit erstarrt ist, sondern belebt, lebendig gelungen ist.

Wir haben die Geschichte unserer Elterngeneration nicht verdrängt, wir haben sie uns wieder bewusst gemacht, auch unsere Betroffenheit darüber ausgetauscht, aber wir sind nicht darin stecken geblieben, sondern haben uns beflügelt, Flügel verliehen, im Hier und Jetzt, um als nachfolgende Generation einen anderen, einen neuen Weg zu gehen, oder vielmehr, wie an diesem wunderbaren Abend, miteinander zu teilen.

Es geht nicht darum, dass wir irgendetwas wiedergutmachen, das können wir gar nicht, aber wir dürfen vieles gut machen, unser Leben, unser Miteinander teilen, mitteilen, wachsen und lernen.

Gewissheit

Leise
bescheiden
vertrauend

diesen Tag heute
in Würde
und Achtsamkeit
leben

dankbar und
lachend
neugierig und
verantwortlich
staunend

und

mit der Gewissheit
geliebt zu sein.

Lebensgeschenk

Wie viele Tage
sind mir noch geschenkt
zu leben und zu lieben?

> *Ich weiß es nicht*
> *und umso mehr*
> *nehme ich diesen Tag*
> *dankbar*
> *als mein Lebensgeschenk*

Ein neuer Tag
mit meinem Herzen
und viel Herz

Herzend und beherzt
Herzverbunden
zu leben und
zu lieben!

Danksagung

Eine Danksagung zu schreiben, ist schon so etwas wie eine sanfte Landung nach einem langen Buchprojekt. Es sind so viele Menschen, denen ich dankbar bin: Meiner Frau Sigrid, meinen Kindern und meinem Bruder Hans habe ich einen besonderen Platz gleich im Vorwort gegeben, sind sie doch Flugbegleiter und Fluglotsen zugleich, und können sie mich doch auch immer wieder gut auf den Boden zurückbringen! Danke!

In der Buchentwicklung gab es dann noch drei besondere Begegnungen:

Mit meiner geschätzten Kollegin Dr. Bettina Fraisl habe ich mich in Innsbruck einige Stunden konzentriert zum vorliegenden Buch ausgetauscht. Ihr vorsichtiges, zugleich offenes und wertschätzendes Feedback, und vor allem ihr Versuch, mich und mein Anliegen zu verstehen, haben mir sehr gutgetan.

Dr. Silvia Bengesser, eine langjährige Kollegin und Freundin, eine, die ich so gerne habe, dass ich mich von ihr kritisieren lasse, hat mir in ihrem wunderbaren Umgang und Spiel mit der Sprache im Literaturarchiv Salzburg (Universität Salzburg) eine dreistündige Vorlesung zu und über mein Buch gegeben. Gebannt und sehr dankbar habe ich ihr zugehört, das waren drei Stunden genialer Selbsterfahrung mit Finale in einer kleinen Pizzeria in der Kaigasse.

Die dritte Begegnung war dann in Wien mit Barbara Köszegi, der langjährigen Programmleiterin und Lektorin im Verlag Kremayr & Scheriau/Orac. Wir haben uns im Café Français im Stadtpark so intensiv und herzlich ausgetauscht, dass wir den Wolkenbruch zu spät bemerkt haben. Klitschnass und in Decken gehüllt haben wir uns bei gutem Rotwein unsere individuellen Flugversuche anvertraut. Barbara hat das Buch in der Entstehung wesentlich mitbegleitet, fachlektoriert und mich sehr bestärkt, es herauszugeben.

Ich danke an dieser Stelle allen drei Frauen für ihre Expertise und vor allem für drei wunderbare Begegnungen, drei gelungene Flugversuche!

Andrea Von der Emde hat sich auf ihre besondere Weise tänzerisch mit meinem Manuskript auseinandergesetzt und mir als Schreibendem dadurch mehr Leichtigkeit vermittelt, Dr. Peter Newrkla hat sich sehr geduldig durch das Manuskript gearbeitet, viele Anglizismen gestrichen und mir grafisch und persönlich wertvolle Rückmeldungen gegeben. Bernadette Theisl schafft es immer wieder genial, zwischen Patientenbefunden und Medikamentenausgabe an meinen Texten zu tippen, selbige zu korrigieren und zu ordnen. Andreas Ortag hat sich gemeinsam mit seiner Frau Walpurga Ortag-Glanzer wieder darauf eingelassen, ein »Wögerbauer-Buch« künstlerisch und grafisch zu gestalten. Der Verlag Kremayr & Scheriau/Orac unter der Programmleitung von Stefanie Jaksch hat in bewährter Form und Zusammenarbeit das Buch mit mir entwickelt und herausgegeben.

Allen Beteiligten an diesem Projekt gilt mein herzliches Danke! Es war ein guter, erfolgreicher Flugversuch, etwas Neues zu wagen – wir haben alle fein zusammengearbeitet, das Resultat halten Sie in Ihren Händen.

Georg Wögerbauer ist Allgemeinmediziner und Psychotherapeut. Gemeinsam mit seiner Frau Sigrid leitet er das Projekt Gesundheitsentwicklung im Waldviertel. Schwerpunkte seiner Tätigkeit sind die Vorsorge- und Psychosomatische Medizin, mit Impulsen zur bewussten Lebensgestaltung, die er sowohl individuell in seiner Praxis als auch in Vorträgen und Seminaren anbietet. Darüber hinaus hat Georg Wögerbauer den Verein »Dialog mit Itete« mitbegründet, der ein Schulprojekt in Tansania unterstützt. Bisherige Publikationen: »Einfach gut leben«, »Beziehungen leben« (beide Edition LIFE-art), sowie »Herzensangelegenheiten«, »Momente der Heilung«, »Irgendwann kommt nie« (alle Verlag Orac).